英単語・熟語 3

中学英語
サンシャイン
完全準拠

SUNSHINE
ENGLISH
COURSE

開隆堂

はじめに

この本は，みなさんが使っている開隆堂版中学校英語教科書 SUNSHINE ENGLISH COURSE の内容に沿って作られており，教科書に出てくる順番通りに単語と熟語が掲載されています。

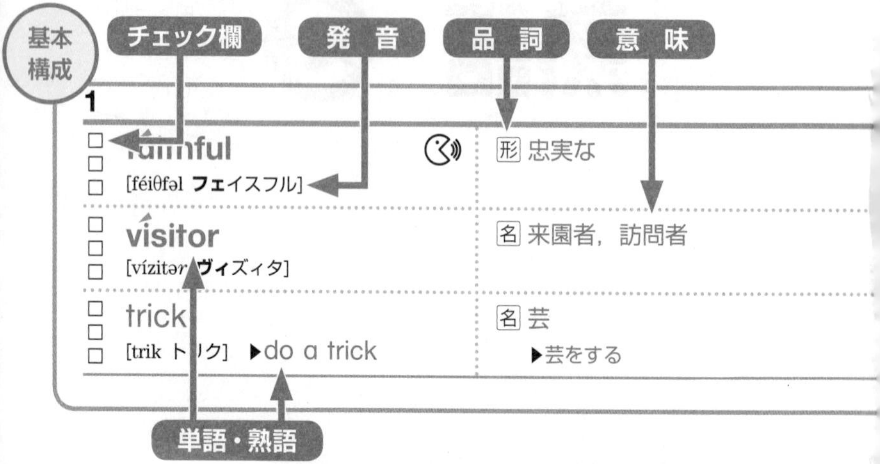

・**太字の単語・熟語**：教科書の傍注や脚注に取り上げられている単語や熟語です（人名や短縮形など一部の単語はのせていません）。

・**細字の単語**：すでに学習していますが，違う意味で使われている単語です。教科書の傍注や脚注には取り上げられていないので注意しましょう。

・**重要のついた単語**：教科書で学ぶ単語のうち特に重要な単語を示します。しっかり覚えて使えるようにしましょう。

・**その他の語句**：人名や地名などの固有名詞や間投詞です。

※教科書の各 PROGRAM の扉ページ（最初のページ）で学ぶ語句は，それぞれの Scenes 1の最初にのせています。

※単語や熟語の中には，反意語，類義語，関連語などの記号がついているものがあります。関連づけていっしょに覚えましょう。

＝つづり注意　＝発音注意

●**品詞**　単語の文中でのはたらきを示す品詞は，次の記号で示してあります。

名＝名詞	代＝代名詞	動＝動詞	助＝助動詞	冠＝冠詞
形＝形容詞	副＝副詞	前＝前置詞	接＝接続詞	間＝間投詞

●**暗記用赤フィルターの使い方**

付属のフィルターを赤色の文字の部分にのせると，文字が見えなくなります。赤色の単語は(　　)に入っているので，(　　)の数がヒントになります。

通学の途中や休み時間などの空き時間を利用して，効率よく暗記をしましょう。

例文の日本語訳

教科書ページ

教科書p.44 ～ p.45

◇ Hachiko was a (**faithful**) dog.

ハチ公は忠実なイヌでした。

◆ (**Visitors**) to the zoo loved to see their tricks.

動物園の来園者は彼らの芸を見るのが大好きでした。

◆ They could (**do**) (**tricks**).

彼らは芸をすることができました。

例　文

- 原則として，1つの単語や熟語に1つの例文をのせています。

◆：教科書に出てきた文や，教科書に出てきた文とほぼ同じ文です(Listen や Power-Up などのリスニングの英文も含まれています)。

◇：教科書に出てきた文とは異なる例文です。

QR コード：各 PROGRAM の最初のページにのせています。スマートフォンやタブレットで読み取り，単語の読み方を確認しましょう。

テスト直前チェック：各 PROGRAM の区切りに設けています。見開きの一覧で，覚えたもの，覚えていないものが一目で確認できます。テスト前に活用しましょう。

イラストコラム：あるテーマに関するいろいろな単語をイラストを使って示しています。ほかの語と関連づけながら覚えられるので，単語力アップに役立ちます。

特　集：これまでに学習した内容を，表を用いてまとめています。まとめて覚えることで，学習した内容の総復習ができます。

目次

PROGRAM

Our Project

Power-Up

Steps

Word Web

テスト直前チェック

イラストコラム

特　集

PROGRAM 1 *Bentos* Are Interesting!

Scenes 1

□□□	**told** 重要 [tould トウルド]	動 tell(言う)の過去形《過去分詞形も同形》
□□□	tell [tel テル]	動 (tell ～ to ...で)～に…するように言う
□□□	ask [æsk アスク]	動 (ask ～ to ...で)～に…するように頼む
□□□	**suitcase** [súːtkeis **ス**ートケイス]	名 スーツケース

Scenes 2

□□□	**musical instrument** [mjúːzikəl ínstrəmənt **ミュ**ーズィカル **イ**ンストルメント]	名 楽器
□□□	**marathon** [mǽrəθɑn **マ**ラサン]	名 マラソン

Scenes 3

□□□	**picnic** [píknik **ピ**クニク]	名 ピクニック
□□□	**relay** [ríːlei **リ**ーレイ]	名 リレー(競走)
□□□	**chosen** [tʃóuzn **チョ**ウズン]	動 choose(選ぶ)の過去分詞形
□□□	**lent** [lent レント]	動 lend(貸す)の過去形《過去分詞形も同形》
□□□	**stapler** [stéiplər ス**テ**イプラ]	名 ホッチキス

教科書p.8 ～ p.9

◇ My father （**told**） me the story.
父は私にその話について教えてくれました。

◆ Mr. Oka （**told**） us （**to**） write a speech.
岡先生が私たちにスピーチを書くように言いました。

◆ Can I （**ask**） you （**to**） carry my suitcase?
あなたに私のスーツケースを運ぶように頼んでもいいですか。

◇ My sister wants a （**suitcase**） to go to the U.S.
私の姉はアメリカへ行くのにスーツケースがほしいと思っています。

教科書p.8 ～ p.9

◆ Can you play any （**musical**） （**instruments**）?
何か楽器を演奏してくれませんか。

◇ It is exciting for me to run a （**marathon**）.
私にとってマラソンを走ることはワクワクします。

教科書p.8 ～ p.9

◇ How about going on a （**picnic**） today?
今日ピクニックへ行くのはどうですか。

◆ I'm on the （**relay**） team.
私はリレーチームに入っています。

◆ I was （**chosen**） as a relay runner.
私はリレー走者に選ばれました。

◇ Jun （**lent**） me a comic book.
純は私にマンガを貸してくれました。

◆ I'm glad that you lent me your （**stapler**）.
私はあなたがホッチキスを貸してくれたことがうれしいです。

□□□	**pass** [pæs パス]	動 合格する

Think 1

□□□	**blossom** [blάsəm ブ**ラ**ソム]	名 (おもに果樹の)花
□□□	**noon** 重要 [nuːn ヌーン]	名 正午
□□□	**colorful** [kʌ́lərfəl **カ**ラフル]	形 色彩に富んだ，カラフルな
□□□	**or** [ɔːr オー]	接 (言いかえ)すなわち
□□□	**wait for ～**	～を待つ
□□□	**Here is ～.**	これが～です。 [ここに～があります。]
□□□	**in this way**	このようにして

Think 2

□□□	**home-made** [hóumméid **ホ**ウム**メ**イド]	形 自家製の
□□□	**available** [əvéiləbl ア**ヴェ**イラブル]	形 入手できる，利用できる
□□□	**oyster** [ɔ́istər **オ**イスタ]	名 カキ(貝)
□□□	**fantastic** [fæntǽstik ファン**タ**スティク]	形 すばらしい，すてきな

◇ I heard you (**passed**) the test.
あなたが試験に合格したと聞きましたよ。

教科書p.10

◆ Cherry (**blossoms**) are so beautiful.
桜の花がとてもきれいですね。

◆ Oh, it's almost (**noon**).
まあ，そろそろ正午です。

◆ It's so cute and (**colorful**)!
それはすごくかわいくてカラフルです。

◆ This is a *kyara-ben*, (**or**) a character *bento*.
これはキャラ弁，すなわちキャラクター弁当というものです。

◆ I've been (**waiting**) (**for**) that word.
私はそのことばをずっと待っていました。

◆ (**Here**) (**is**) your *bento*.
これがあなたの弁当です。

◆ I don't like carrots, but I can eat them (**in**) (**this**) (**way**).
私はニンジンが好きではありませんが，この方法なら食べられます。

教科書p.11

◆ *Bentos* are not only (**home-made**).
弁当は自家製のものだけではありません。

◆ It's a *bento* (**available**) at train stations.
それは電車の駅で入手できる弁当です。

◇ Hiroshima is famous for (**oysters**).
広島はカキで有名です。

◇ *A:* Why don't we go fishing? — *B:* Sounds (**fantastic**).
A: つりに行きませんか。 — *B:* すばらしいですね。

□□□ **more than ～**	～以上

Think 3

□□□ **variety** [vəráiəti ヴァ**ラ**イアティ]	名 (a variety of ～で)さまざまな
□□□ **well-balanced** [wélbǽlənst **ウェ**ル**バ**ランスト]	形 バランスのとれた
□□□ **nutrition** [njuːtríʃən ニュート**リ**ション]	名 栄養
□□□ **develop** [divéləp ディ**ヴェ**ロプ]	動 発展させる，開発する
□□□ **own** 重要 [oun オウン]	形 独自の
□□□ **delivery** [dilívəri ディ**リ**ヴァリ]	名 配達
□□□ **service** [sə́ːrvis **サー**ヴィス]	名 サービス
□□□ **deliver** [dilívər ディ**リ**ヴァ]	動 配達する
□□□ **workplace** [wə́ːrkpleis **ワー**クプレイス]	名 職場
□□□ fail [feil フェイル]	名 失敗
□□□ **different** 重要 [dífərənt **ディ**ファレント]	形 違った，異なる 反意語 same[séim **セ**イム] 形 同じ

その他の語句 ・Mumbai [mʌmbái マン**バ**イ] ムンバイ（インドの都市）

◆ There are (**more**) (**than**) 2,000 kinds of *ekibens* in Japan.
日本には2,000種類以上の駅弁があると聞いたことがあります。

教科書p.12

◇ My uncle is growing (**a**) (**variety**) (**of**) vegetables.
私のおじはさまざまな野菜を育てています。

◆ A Japanese *bento* is (**well-balanced**) in nutrition.
日本の弁当は栄養のバランスがとれています。

◇ Good (**nutrition**) is important for children.
よい栄養は子どもたちにとって大切です。

◇ This company has (**developed**) a new medicine.
この会社は新しい薬を開発しました。

◇ Each country has their (**own**) culture.
それぞれの国が独自の文化を持っています。

◆ Mumbai in India is famous for its lunch (**delivery**) service.
インドのムンバイは昼食配達サービスで有名です。

◇ Today, we can get a lot of (**services**) at home.
今日，私たちは家にいながらたくさんのサービスを受けることができます。

◇ The package was (**delivered**) to my house yesterday.
その荷物は昨日，私の家に届けられました。

◇ My aunt's (**workplace**) is near our house.
私のおばの職場は私たちの家の近くです。

◇ I will call you tomorrow without (**fail**).
明日，私は必ずあなたに電話をします。

◆ I'm sure you can find a lunch with a (**different**) look and taste.
きっとあなたは見かけも味も異なる昼食を見つけられるでしょう。

Interact

□□□	**headache** acheに注意 [hédeik ヘデイク]	名 頭痛
□□□	**fever** [fíːvər フィーヴァ] ▶have a fever	名 高熱 ▶熱がある
□□□	**chilly** [tʃíli チリ]	形 寒くて身ぶるいするような
□□□	**pain** [pein ペイン]	名 痛み
□□□	call [kɔːl コール]	動 呼ぶ
□□□	**medicine** 重要 [médəsin メディスィン]	名 薬
□□□	**bandage** [bǽndidʒ バンディヂ]	名 包帯
□□□	**stomachache** [stʌ́məkeik スタマケイク]	名 腹痛，胃痛
□□□	**least** [liːst リースト] ▶at least	形 little(少ない)の最上級 ▶少なくとも
□□□	**right now**	今すぐ

英語のしくみ

□□□	back [bæk バク] ▶call ～ back	副 (相手の行為に)(～し)返して ▶～に折り返し電話する

教科書p.14

◇ I had a (**headache**), so I went to bed early.
私は頭痛がしたので早く寝ました。

◇ You mustn't go to school if you (**have**) (**a**) (**fever**).
熱があるなら，あなたは学校に行ってはいけません。

◇ I feel (**chilly**).
私は身ぶるいするような寒さを感じています。

◇ He had a (**pain**) in his tooth.
彼は歯が痛みました。

◇ Can you (**call**) a taxi?
タクシーを呼んでもらえますか。

◇ The doctor gave me some (**medicine**) for fever.
その医者は私に解熱剤をくれました。

◇ Why do you have a (**bandage**) on your left hand?
あなたはなぜ左手に包帯を巻いているのですか。

◆ Excuse me, I have a (**stomachache**).
すみません，私はお腹が痛いです。

◇ *A:* How many books will you read today? — *B:* (**At**) (**least**) two.
A: あなたは今日何冊の本を読みますか。 — *B:* 少なくとも2冊です。

◇ I'll call her (**right**) (**now**).
私は今すぐ彼女に電話をかけます。

教科書p.15

◆ Could you ask him to (**call**) me (**back**)?
彼に，私に折り返し電話するように頼んでもらえますか。

Word Web 1 家の中と外

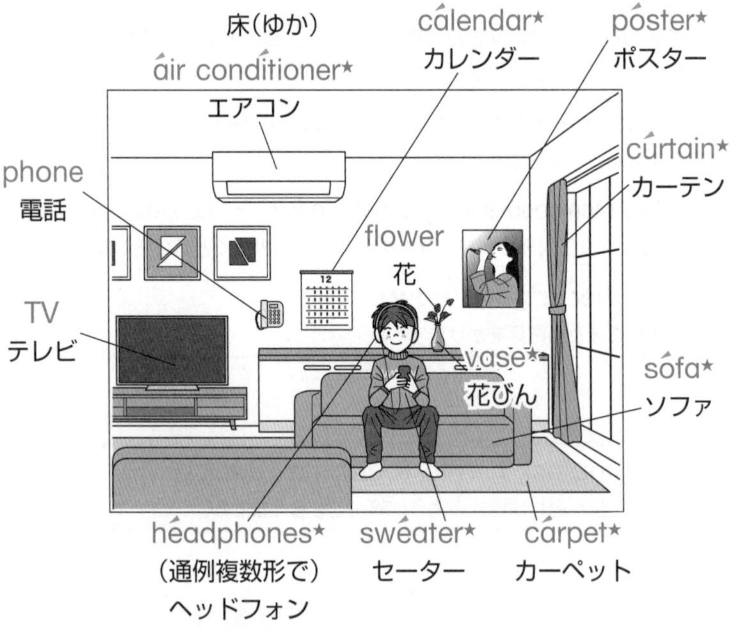

教科書p.16 ~ p.17

※新出の語には★をつけています。

ディベートをしよう

□□□ **jóurnalist** [dʒə́ːrnəlist **ヂャ**ーナリスト]	名 ジャーナリスト，報道記者
□□□ **wríting** [ráitiŋ **ラ**イティング]	名 文書，書かれたもの
□□□ **públish** [pʌ́bliʃ **パ**ブリシュ]	動 発行[出版]する
□□□ **trust** [trʌst トラスト]	動 信頼する
□□□ point [pɔint ポイント]	名 主張，意見

1日の時間を表す語

教科書p.18

◆ Everything is written by professional (**journalists**).
すべてがプロのジャーナリストによって書かれています。

◆ They check each other's (**writing**) before they publish.
彼らは発行する前にお互いの書いたものを確かめます。

◇ That magazine is (**published**) every week.
その雑誌は毎週発行されます。

◆ You can (**trust**) information from newspapers.
あなたは新聞の情報を信用することができます。

◆ I understand your (**point**).
私はあなたの主張は理解しています。

◆ evening と night

evening「晩，夕方」

「日没」から「寝る時間」までの間

night「夜」

「日没」から「日の出」までの間

Laura often goes for a walk in the evening.
ローラはしばしば夕方，散歩に行きます。
What time did you go to bed last night?
あなたは昨夜何時に寝ましたか。

テスト直前チェック ①

PROGRAM 1	
⧄ **told**	tell(言う)の過去形《過去分詞形も同形》
⧄ tell	(tell ～ to ... で)～に…するように言う
⧄ ask	(ask ～ to ... で)～に…するように頼む
⧄ suitcase	スーツケース
⧄ musical instrument	楽器
⧄ marathon	マラソン
⧄ picnic	ピクニック
⧄ relay	リレー(競走)
⧄ chosen	choose(選ぶ)の過去分詞形
⧄ lent	lend(貸す)の過去形《過去分詞形も同形》
⧄ stapler	ホッチキス
⧄ pass	合格する
⧄ blossom	(おもに果樹の)花
⧄ **noon**	正午
⧄ colorful	色彩に富んだ，カラフルな
⧄ or	(言いかえ)すなわち

⧄ wait for ～	～を待つ
⧄ Here is ～.	これが～です。[ここに～があります。]
⧄ in this way	このようにして
⧄ home-made	自家製の
⧄ available	入手できる，利用できる
⧄ oyster	カキ(貝)
⧄ fantastic	すばらしい，すてきな
⧄ more than ～	～以上
⧄ variety	(a variety of ～ で)さまざまな
⧄ well-balanced	バランスのとれた
⧄ nutrition	栄養
⧄ develop	発展させる，開発する
⧄ **own**	独自の
⧄ delivery	配達
⧄ service	サービス
⧄ deliver	配達する
⧄ workplace	職場
⧄ fail	失敗
⧄ **different**	違った，異なる
⧄ headache	頭痛

☑ fever	高熱
☑ have a fever	熱がある
☑ chilly	寒くて身ぶるいするような
☑ pain	痛み
☑ call	呼ぶ
☑ **medicine**	薬
☑ bandage	包帯
☑ stomachache	腹痛，胃痛
☑ least	little(少ない)の最上級
☑ at least	少なくとも
☑ right now	今すぐ
☑ back	（相手の行為に）(～し)返して
☑ call ～ back	～に折り返し電話する

Word Web ❶

☑ air conditioner	エアコン，空気調整装置
☑ boil	(液体を)ふっとうさせる，わかす
☑ bread	パン
☑ brush	ブラシをかける
☑ calendar	カレンダー

☑ sweater	セーター
☑ tie	ネクタイ
☑ T-shirt	Tシャツ
☑ TV	テレビ
☑ toast	こんがりと焼く，トーストする
☑ toaster	トースター
☑ vase	花びん
☑ yard	庭

Steps 1

☑ journalist	ジャーナリスト，報道記者
☑ writing	文書，書かれたもの
☑ publish	発行[出版]する
☑ trust	信頼する
☑ point	主張，意見

体調不良を表す表現

・have a fever〔sore throat / stomachache / headache〕
「熱〔のどの痛み / 腹痛〕がある / 頭痛がする」

I have a headache today.
（ぼくは今日頭痛がします。）

・feel chilly〔dizzy / sick〕「寒気〔めまい〕がする / 気分が悪い」

I'm feeling sick now.
（私は今，気分が悪いです。）

・cut ～「～を切る」

Oh, did you cut your finger?
（おや，あなたは指を切ったのですか。）

・have a pain in ～「～が痛い」

I have a pain in my left leg.
（私は左足が痛いです。）

PROGRAM 2

Good Night. Sleep Tight.

Scenes 1

tight [tait タイト]	副 ぐっすりと，深く
lose 重要 [luːz ルーズ]	動 失う，なくす
lost [lɔːst ロースト]	動 lose(失う，なくす)の過去分詞形《過去形も同形》
held 重要 [held ヘルド]	動 hold(開催する)の過去分詞形《過去形も同形》

Scenes 2

sir [səːr サー]	名 (男性に対する改まったよびかけ)

Scenes 3

bell [bel ベル]	名 鈴，鐘
sign (gに注意) [sain サイン]	名 標識，表示
walker [wɔ́ːkər ウォーカ]	名 歩行者
cross [krɔːs クロース]	動 横断する

Think 1

sleep [sliːp スリープ]	名 眠り，睡眠

教科書p.19 ~ p.21

◆ Sleep (**tight**).
ぐっすりと眠りなさい。

◇ I often (**lose**) my smartphone.
私はよくスマートフォンをなくします。

◆ Have you (**lost**) your key?
あなたはかぎをなくしたのですか。

◆ Jun knows where the concert is (**held**).
純はどこでコンサートが開催されるか知っています。

教科書p.20 ~ p.21

◇ *A:* Can you tell me what it is? − *B:* Yes, (**sir**).
A: それが何か教えてもらえますか。 − *B:* はい，かしこまりました。

教科書p.20 ~ p.21

◆ He told me that it had a red (**bell**).
彼はそれには赤い鈴がついていると言っていました。

◆ This road (**sign**) shows drivers that they must stop here.
この道路標識は運転手に，ここで止まれと示しています。

◇ There are a lot of (**walkers**) on the street.
通りにはたくさんの歩行者がいます。

◇ A woman and her dog are (**crossing**) the road.
ひとりの女性と彼女のイヌが道路を横断しています。

教科書p.22

◇ Do you have good (**sleep**) every day?
あなたは毎日十分な睡眠をとっていますか。

□□□ **affect** [əfékt ア**フェ**クト]	動 影響を及ぼす
□□□ **tonight** [tənáit トゥ**ナ**イト]	副 今夜(は)
□□□ **lack** [læk **ラ**ク]	名 不足
□□□ **have no idea**	わからない
□□□ **make up for ～**	～を補う

Think 2

□□□ **concentrate** [kánsəntreit **カ**ンセントレイト]	動 (精神を)集中する
□□□ **minute** 重要 [mínit **ミ**ニト]	名 (時間の)分
□□□ **body** [bádi **バ**ディ]	名 体
□□□ **energy** 重要 [énərdʒi **エ**ナヂ]	名 エネルギー
□□□ **even though ～**	たとえ～ではあっても
□□□ **be full of ～**	～に満ちている，～でいっぱいである

Think 3

□□□ **bright** [brait ブ**ラ**イト]	形 光っている，明るい 反意語 dark[dɑːrk **ダ**ーク] 形 暗い

◆ You should know how sleep (**affects**) our health.
あなたは睡眠がいかに健康に影響するかを知るべきです。

◆ I'll sleep eight hours (**tonight**).
私は今夜は8時間眠ろうと思います。

◇ These days the (**lack**) of rain is a big problem in Japan.
このごろ日本では，雨不足が大きな問題です。

◆ I (**have**) (**no**) (**idea**).
私はわかりません。

◆ You can't (**make**) (**up**) (**for**) lack of sleep later.
睡眠不足をあとから補うことはできません。

教科書p.23

◆ I can't (**concentrate**) on anything.
私は何に対しても集中できません。

◆ You should take a bath 90 (**minutes**) before going to bed.
就寝の90分前に入浴するべきです。

◆ Your (**body**) temperature will be just right when you sleep.
眠るころには体温がちょうどよくなるでしょう。

◆ I'm always full of (**energy**).
私はいつもエネルギーに満ちています[元気いっぱいです]。

◆ Have you ever felt tired (**even**) (**though**) you slept long enough?
十分長く眠ったにもかかわらず，疲れを感じたことはありますか。

◇ The shop (**was**) (**full**) (**of**) people.
そのお店は人でいっぱいでした。

教科書p.24

◇ You shouldn't look at the (**bright**) screen at night.
夜に明るい画面を見ないほうがいいですよ。

□□□	**screen** [skriːn スクリーン]	名 (スマートフォンなどの)画面
□□□	**brain** [brein ブレイン]	名 脳
□□□	**dáytime** [déitaim **デ**イタイム]	名 昼
□□□	**resúlt** [rizʌ́lt リ**ザ**ルト] ▶as a result	名 結果 ▶その結果として
□□□	**asléep** [əslíːp アス**リー**プ] ▶fall asleep	形 眠って，眠りについて ▶眠りに落ちる，寝入る
□□□	**hábit** [hǽbit **ハ**ビト]	名 習慣
□□□	**impróve** [imprúːv インプ**ルー**ヴ]	動 改善する，向上させる
□□□	**nap** [næp ナプ]	名 昼寝，うたた寝

Interact

□□□	**bambóo** [bæmbúː バン**ブー**]	名 竹
□□□	**gíant pánda** [dʒáiənt pǽndə **チャ**イアント **パ**ンダ]	名 ジャイアントパンダ

英語のしくみ

□□□	**ánswer** [ǽnsər **ア**ンサ]	動 答える

◇ I broke the (**screen**) of my smartphone.
私はスマートフォンの画面を壊してしまいました。

◇ My brother studies about the (**brain**) at university.
私の兄は大学で脳について研究しています。

◇ I can't sleep in the (**daytime**).
私は昼に眠ることはできません。

◆ (**As**) (**a**) (**result**), you cannot fall asleep easily.
その結果として，かんたんに眠りに落ちることができなくなります。

◇ You must not (**fall**) (**asleep**) during the class.
あなたたちは授業中に寝入ってはいけません。

◆ To get a good sleep, you should change this (**habit**).
よい睡眠を得るためには，この習慣を変えるべきです。

◆ Good sleep (**improves**) our work.
よい睡眠は私たちの仕事を改善します。

◆ People can work better after a (**nap**).
昼寝のあとはより調子よく働けます。

教科書p.26

◇ This bag is made of (**bamboo**).
このかばんは竹から作られています。

◇ Have you ever seen (**giant**) (**pandas**)?
あなたは今までにジャイアントパンダを見たことがありますか。

教科書p.27

◆ Who can (**answer**) the question?
だれが質問に答えられますか。

Power-Up 1

道案内をしよう②(電車の乗りかえ)

□□□	**tráveler** [trǽvələr ト**ラ**ヴラ]	名 旅行者
□□□	**change trains**	電車[列車]を乗りかえる
□□□	**line** [lain ライン]	名 (鉄道の)路線

道案内の表現

◆たずねるとき

・how to get to ～
「～へ行く方法(行き方)」

how to get to the park
(公園へ行く方法)

・which ～
「どの～」

which train
(どの電車)

・How long ～?「どれくらいの時間～」

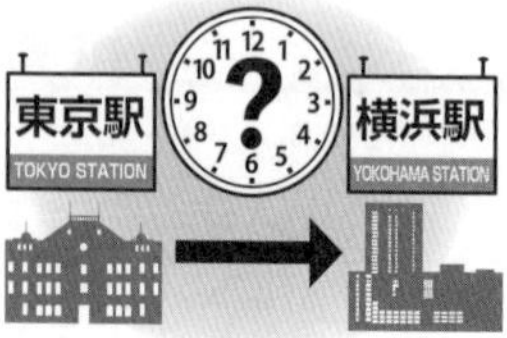

How long does it take from Tokyo to Yokohama?
(東京から横浜へはどれくらいの時間がかかりますか。)

教科書p.28

◇ I saw a lot of (**travelers**) in Hakata Station.
私は博多駅でたくさんの旅行者を見ました。

◆ Go to Nakasu-Kawabata and (**change**) (**trains**) there.
中洲川端まで行って，そこで電車を乗りかえてください。

◆ Which (**line**) should I take there?
私はそこでどの路線に乗ればよいですか。

◆答えるとき

・go along ～
「～に沿って進む」

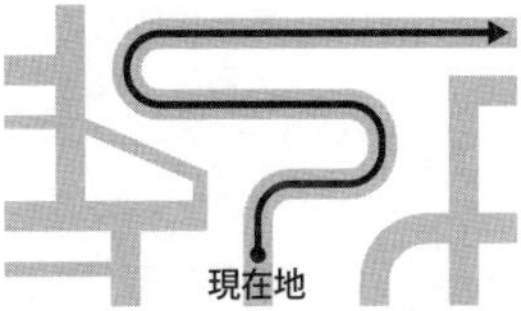

go along **this street**
(この通りに沿って進む)

・turn ～ at the ... corner
「…つ目の角を～に曲がる」

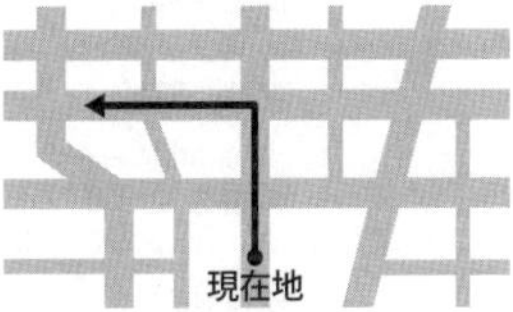

turn **left** at the **second** corner
(2つ目の角を左に曲がる)

・next to ～「～の隣に」

next to **the library**
(図書館の隣に)

・between ～ and ...「～と…の間」

between **the school** and **the bank**
(学校と銀行の間)

テスト直前チェック ②

PROGRAM 2	
⧄ tight	ぐっすりと，深く
⧄ **lose**	失う，なくす
⧄ lost	lose(失う，なくす)の過去分詞形《過去形も同形》
⧄ **held**	hold(開催する)の過去分詞形《過去形も同形》
⧄ sir	(男性に対する改まったよびかけ)
⧄ bell	鈴，鐘
⧄ sign	標識，表示
⧄ walker	歩行者
⧄ cross	横断する
⧄ sleep	眠り，睡眠
⧄ affect	影響を及ぼす
⧄ tonight	今夜(は)
⧄ lack	不足
⧄ have no idea	わからない
⧄ make up for ～	～を補う
⧄ concentrate	(精神を)集中する
⧄ **minute**	(時間の)分
⧄ body	体

⧄ **energy**	エネルギー
⧄ even though ～	たとえ～ではあっても
⧄ be full of ～	～に満ちている，～でいっぱいである
⧄ bright	光っている，明るい
⧄ screen	(スマートフォンなどの)画面
⧄ brain	脳
⧄ daytime	昼
⧄ result	結果
⧄ as a result	その結果として
⧄ asleep	眠って，眠りについて
⧄ fall asleep	眠りに落ちる，寝入る
⧄ habit	習慣
⧄ improve	改善する，向上させる
⧄ nap	昼寝，うたた寝
⧄ bamboo	竹
⧄ giant panda	ジャイアントパンダ
⧄ answer	答える

Power-Up ❶	
☑ traveler	旅行者
☑ change trains	電車[列車]を乗りかえる
☑ line	(鉄道の)路線

「眠っている」の表現

Is Takuya studying in his room?
(卓也は部屋で勉強していますか。)
— No. He is sleeping there.
(いいえ。彼はそこで眠っています。)

Is Takuya sleeping?
(卓也は眠っていますか。)
— Yes. He is asleep.
(はい。彼は寝入っています。)

PROGRAM 3

A Hot Sport Today

Scenes 2

□□□ **wake** [weik ウェイク] ▶wake up	動 目が覚める，起きる ▶起きる，目を覚ます

Scenes 3

□□□ **rest** [rest レスト] ▶get rest	名 休息，休養 ▶休む
□□□ **laugh** ghに注意 [læf ラフ]	動 笑う
□□□ **bake** [beik ベイク]	動 (菓子などを)焼く

Think 1

□□□ **league** gueに注意 [liːg リーグ]	名 競技連盟，リーグ
□□□ **born** 重要 [bɔːrn ボーン]	動 (be bornで)生まれる
□□□ **hálf-time** [hǽftaim **ハ**フタイム]	名 (試合などの)ハーフタイム，休憩
□□□ **not only ～ but also ...**	～だけでなく…も(また)

その他の語句 ・B.LÉAGUE [biːlíːg ビー**リー**グ]
ビー・リーグ(日本の男子プロバスケットボールリーグ)

Think 2

□□□ **creáte** [kriéit クリ**エ**イト]	動 作り出す，生み出す

教科書p.30 ~ p.31

◆ Ami, (**wake**) (**up**)!
亜美，起きなさい。

教科書p.30 ~ p.31

◆ You should (**get**) more (**rest**).
あなたはもっと休むべきです。

◆ The comic book made Sam (**laugh**).
そのマンガ本を読んでサムは笑いました。

◆ Sam helped his mother (**bake**) a cake.
サムは彼のおかあさんがケーキを焼くのを手伝いました。

教科書p.32

◆ It's the Japanese professional basketball (**league**).
それは日本のプロバスケットボールリーグです。

◆ Basketball (**was**) (**born**) in the U.S., wasn't it?
バスケットボールはアメリカで生まれたのですよね。

◇ I'll buy snacks during the (**half-time**).
ハーフタイムの間に軽食を買うつもりです。

◆ People enjoy (**not**) (**only**) the games (**but**) (**also**) the half-time shows.
人々は試合だけでなく，ハーフタイム・ショーも楽しみます。

・NBÁ [enbiːéi エンビー**エ**イ]
全米プロバスケットボール協会（＝National Basketball Association）

教科書p.33

◆ He (**created**) a new indoor sport for the students.
彼は学生たちのために，新しい室内スポーツを作り出しました。

□□□	**indoor** [índɔːr **イ**ンドー]	形 屋内の，室内の
□□□	**outdoor** [áutdɔːr **ア**ウトドー]	形 戸外の，野外の
□□□	**drew** [druː ドルー]	動 draw（描く）の過去形
□□□	**report** [ripɔ́ːrt リ**ポー**ト]	名 報告（書），レポート

その他の語句 ・Massachusetts [mæsətʃúːsits マサ**チュ**ーセツ]
マサチューセッツ（アメリカの州）

Think 3

□□□	**arena** [əríːnə ア**リー**ナ]	名（周囲に観覧席のある）競技場，試合場
□□□	**final** [fáinl **ファ**イヌル]	形 最後の，最終の
□□□	**tournament** 重要 [túərnəmənt **トゥ**アナメント]	名 トーナメント，勝ち抜き試合
□□□	**luck** 重要 [lʌk ラク]	名 幸運
□□□	**wish** [wiʃ **ウィ**シュ] ▶Wish me luck.	動 祈る，願う ▶幸運を祈ってください。

Interact

□□□	**baby** 重要 [béibi **ベ**イビ]	名 赤ん坊，赤ちゃん
□□□	**super** [súːpər **スー**パ]	形 超強力な
□□□	**power** 重要 [páuər **パ**ウア]	名 力

◇ There is an (**indoor**) swimming pool in my school.
私の学校には室内プールがあります。

◆ The students couldn't enjoy sports (**outside**).
生徒たちはスポーツを屋外で楽しむことができませんでした。

◆ The student also (**drew**) a picture of this game.
その生徒は，この試合の絵も描きました。

◆ The P.E. teacher used the picture in the (**report**).
体育の先生は報告書にその絵を使いました。

教科書p.34

◆ The (**arena**) was full of fans.
試合場はファンでいっぱいでした。

◆ We have the (**final**) city basketball tournament next weekend.
私たちは次の週末，最後の市のバスケットボールトーナメントがあります。

◇ I hope you will win the (**tournament**).
私は，あなたたちがトーナメントで勝つことを願っています。

◇ I have good (**luck**) today.
私は今日，運がよいです。

◆ (**Wish**) (**me**) (**luck**)!
幸運を祈っていてください。

教科書p.36

◆ I'll name this (**baby**) Lionel.
私はこの赤ちゃんをライオネルと名付けます。

◆ In my story, this baby has (**super**) powers.
私の話の中では，この赤ちゃんには超強力な力があります。

◇ His (**power**) always makes us surprised.
彼の力は，いつも私たちを驚かせます。

□□□ **especially** 重要 [ispéʃəli イス**ペ**シャリ]	副 特に
□□□ **angry** [ǽŋgri **ア**ングリ]	形 怒った
□□□ **comfortable** [kʌ́mftəbl **カ**ンフタブル]	形 心地よい
□□□ **every week**	毎週

英語のしくみ

□□□ **open** [óupən **オ**ウプン]	形 開いた，開いている
□□□ **let** [let レト]	動 ～させてやる《過去形，過去分詞形も同様》

Steps 2 メモのとり方を学ぼう

□□□ **softball** [sɔ́ːftbɔːl **ソ**ーフトボール]	名 ソフトボール
□□□ **painting** [péintiŋ **ペ**インティング]	名 絵，絵画
□□□ **as you know**	ご存じのように
□□□ **just around the corner**	間近に，近づいて
□□□ **hand in ～**	～を提出する

◆ *A:* What makes you worried? − *B:* Homework, (**especially**) math.
A: 何があなたを心配させているのですか。 − *B:* 宿題です，特に数学の。

◇ *A:* Who made her (**angry**)? − *B:* I did.
A: だれが彼女を怒らせたのですか。 − *B:* 私です。

◇ We should keep our classroom (**comfortable**).
私たちは教室を心地よく保つべきです。

◆ Our teacher gives us a lot of homework (**every**) (**week**).
私たちの先生は毎週，私たちにたくさんの宿題を出します。

教科書p.37

◆ Don't leave the door (**open**).
ドアを開けたままにしないでください。

◆ Shinji (**let**) me use his computer.
信二は私に彼のコンピュータを使わせてくれました。

教科書p.38

◆ You can enjoy sports such as soccer and (**softball**).
あなたたちはサッカーやソフトボールなどのスポーツを楽しむことができます。

◆ You can see a lot of famous (**paintings**) there.
あなたたちはそこでたくさんの有名な絵を見ることができます。

◆ (**As**) (**you**) (**know**), we are planning to go to Green Park.
ご存じのように，私たちはグリーンパークへ行こうと計画しています。

◆ Our field trip is (**just**) (**around**) (**the**) (**corner**).
私たちの遠足はもうすぐです。

◆ You have to (**hand**) it (**in**) by next Friday.
あなたたちは次の金曜日までにそれを提出しなければなりません。

Our Project 7

記者会見を開こう

□□□ **wind** 重要 [wind ウィンド]	名 風
□□□ **boat** 重要 [bout ボウト]	名 船，ボート
□□□ **míddle** [mídl **ミ**ドル]	名 真ん中
□□□ **ócean** [óuʃən **オ**ウシャン]	名 大洋，海
□□□ **ínterviewer** [íntərvjuːər **イ**ンタヴューア]	名 インタビューする人，インタビュアー
□□□ **ísland** [áilənd **ア**イランド]	名 島
□□□ **survíve** [sərváiv サ**ヴァ**イヴ]	動 生き延びる
□□□ **fáshion** [fǽʃən **ファ**ション]	名 ファッション，流行
□□□ **dress** [dres ドレス] ▶dress up	動 服を着る ▶着飾る
□□□ **suppórt** [səpɔ́ːrt サ**ポ**ート]	名 支援，支え 動 支援する
□□□ **spéaker** [spíːkər ス**ピ**ーカ]	名 話し手，話者
□□□ **chose** [tʃouz チョウズ]	動 choose(選ぶ)の過去形

その他の語句 ・Jóhn Múng [dʒán mʌ́ŋ **チャン** **マン**]
ジョン・マン(人名)(ジョン万次郎の愛称)

教科書p.39 ～ 43

◇ The (**wind**) is very strong today.
今日は風がとても強いです。

◇ We went to the small island by (**boat**).
私たちはボートでその小島へ行きました。

◇ Who is that man standing in the (**middle**) of the bridge?
橋の真ん中で立っている男性はだれですか。

◇ Did you enjoy swimming in the (**ocean**)?
あなたたちは海で泳ぐことを楽しみましたか。

◇ The (**interviewer**) asked me about my school life.
そのインタビュアーは私に，私の学校生活についてたずねました。

◆ I reached an (**island**) after that.
私はその後，ある島に着きました。

◆ I (**survived**) there for about five months.
私はそこで約５か月生き延びました。

◆ I enjoyed (**fashion**) the most.
私はファッションをもっとも楽しみました。

◆ Americans taught me how to (**dress**) (**up**).
アメリカ人は私にどのように着飾るかを教えてくれました。

◇ Thank you for your warm (**support**).
温かい支援をありがとうございます。

◇ I want to be a good (**speaker**) of English.
私は英語を上手に話せるようになりたいです。

◇ My parents (**chose**) a nice present for me on my birthday.
両親は私の誕生日に，すてきなプレゼントを選んでくれました。

テスト直前チェック ③

PROGRAM 3

☑ wake	目が覚める，起きる
☑ wake up	起きる，目を覚ます
☑ rest	休息，休養
☑ get rest	休む
☑ laugh	笑う
☑ bake	(菓子などを)焼く
☑ league	競技連盟，リーグ
☑ **born**	(be born で)生まれる
☑ half-time	(試合などの)ハーフタイム，休憩
☑ not only ～ but also ...	～だけでなく…も(また)
☑ create	作り出す，生み出す
☑ indoor	屋内の，室内の
☑ outdoor	戸外の，野外の
☑ drew	draw(描く)の過去形
☑ report	報告(書)，レポート
☑ arena	(周囲に観覧席のある)競技場，試合場
☑ final	最後の，最終の
☑ **tournament**	トーナメント，勝ち抜き試合
☑ **luck**	幸運
☑ wish	祈る，願う
☑ Wish me luck.	幸運を祈ってください。
☑ **baby**	赤ん坊，赤ちゃん
☑ super	超強力な
☑ **power**	力
☑ **especially**	特に
☑ angry	怒った
☑ comfortable	心地よい
☑ every week	毎週
☑ open	開いた，開いている
☑ let	～させてやる《過去形，過去分詞形も同様》

Steps 2

☑ softball	ソフトボール
☑ painting	絵，絵画
☑ as you know	ご存じのように
☑ just around the corner	間近に，近づいて
☑ hand in ～	～を提出する

Our Project ❼

☑ **wind**	風
☑ **boat**	船，ボート
☑ middle	真ん中
☑ ocean	大洋，海
☑ interviewer	インタビューする人，インタビュアー
☑ island	島
☑ survive	生き延びる
☑ fashion	ファッション，流行
☑ dress	服を着る
☑ dress up	着飾る
☑ support	支援，支え 支援する
☑ speaker	話し手，話者
☑ chose	choose(選ぶ)の過去形

Reading 1

Faithful Elephants

1

fáithful [féiθfəl **フェ**イスフル]	形 忠実な
vísitor [vízitər **ヴィ**ズィタ]	名 来園者，訪問者
trick [trik トリク] ▶do a trick	名 芸 ▶芸をする

2

worse [wəːrs ワース] ▶get worse	形 bad(悪い)の比較級 ▶悪化する
little by little	少しずつ

3

harm [hɑːrm ハーム]	動 害を与える，傷つける
the Ármy [ði ɑ́ːrmi ズィ **ア**ーミ]	名 陸軍
órder [ɔ́ːrdər **オ**ーダ]	動 命令する
kill 重要 [kil キル]	動 殺す 関連語 die[dai ダイ] 動 死ぬ
get away	逃げ出す

教科書p.44 ~ p.45

◇ Hachiko was a (**faithful**) dog.
ハチ公は忠実なイヌでした。

◆ (**Visitors**) to the zoo loved to see their tricks.
動物園の来園者は彼らの芸を見るのが大好きでした。

◆ They could (**do**) (**tricks**).
彼らは芸をすることができました。

教科書p.45

◆ Little by little the situation was (**getting**) (**worse**).
少しずつ状況は悪化していきました。

◇ I study English (**little**) (**by**) (**little**).
私は少しずつ英語を勉強します。

教科書p.45

◇ Lack of sleep will (**harm**) your health.
睡眠不足は健康に害を与えます。

◇ My great-grandfather was in (**the**) (**Army**) when he was young.
私の曽祖父は若いころ陸軍に入っていました。

◆ The Army (**ordered**) the zoo to kill all the dangerous animals.
陸軍は動物園に，危険な動物たちをすべて殺すように命令しました。

◇ Many people were (**killed**) in the war.
たくさんの人々が戦争で殺されました。

◇ I want to (**get**) (**away**) from here.
私はここから逃げ出したいです。

4

□□□	**zóokeeper** [zú:ki:pər **ズ**ーキーパ]	名 動物園の飼育係

5

□□□	**póisoned** [pɔ́iznd **ポ**イズンド]	形 毒入りの
□□□	**cléver** [klévər ク**レ**ヴァ]	形 頭がよい，賢い
□□□	**injéction** [indʒékʃən イン**チェ**クション]	名 注射
□□□	**skin** [skin スキン]	名 皮ふ
□□□	**néedle** [ní:dl **ニ**ードル]	名 注射針
□□□	**so ～ that ...**	あまりに～なので…
□□□	**too ～ for － to ...**	－にはあまりにも～すぎて…できない
□□□	**go through**	貫通する

6

□□□	**fínally** llに注意 [fáinəli **ファ**イナリ]	副 最後に，終わりに
□□□	**poor** 重要 [puər プア]	形 かわいそうな

教科書p.46

◆ The (**zookeepers**) did not want to kill them.
動物園の飼育係は彼らを殺したくありませんでした。

教科書p.46

◆ They gave John (**poisoned**) potatoes.
彼らはジョンに毒入りのジャガイモをあげました。

◇ Yuta is a (**clever**) boy.
雄太は賢い男の子です。

◆ They tried to give John an (**injection**).
彼らはジョンに注射を打とうとしました。

◇ A baby's (**skin**) is very soft.
赤ちゃんの皮ふはとてもやわらかいです。

◇ The doctor took out a long (**needle**).
その医者は長い注射針を取り出しました。

◆ John was (**so**) clever (**that**) he ate only the good potatoes.
ジョンはあまりに賢かったので，よいジャガイモだけ食べました。

◆ John's skin was (**too**) hard (**for**) the needles (**to**) go through.
ジョンの皮ふはあまりにもかたすぎて，針が通りませんでした。

◇ The nail (**went**) (**through**) the board.
くぎが板を貫通しました。

教科書p.46

◆ (**Finally**), they decided to stop giving him any food.
最後に，彼らは一切のエサを与えないことにしました。

◆ (**Poor**) John died in seventeen days.
かわいそうなジョンは17日で死にました。

7

□□□	**cóme** [kʌm カム]	動 (時が)来る，近づく
□□□	**lóving** [lʌ́viŋ **ラ**ヴィング]	形 愛情のこもった
□□□	**géntle-héarted** [dʒéntlhɑ́ːrtid **チェ**ントル**ハ**ーティド]	形 やさしい心をもった

8

□□□	**kéeper** [kíːpər **キ**ーパ]	名 飼育係
□□□	**cage** [keidʒ ケイヂ]	名 (動物の)おり
□□□	**stood** [stud ストゥド]	動 stand(立つ)の過去形《過去分詞形も同形》
□□□	**raise** [reiz レイズ]	動 (持ち)上げる
□□□	**trunk** [trʌŋk トランク]	名 (ゾウの)鼻

9

□□□	**with tears**	涙をためて，涙ながらに

10

□□□	**lie** [lai ライ]	動 横たわる

教科書p.47

◆ The time (**came**) for Tonky and Wanly.
トンキーとワンリーの時が来ました。

◆ They always looked at people with (**loving**) eyes.
彼女たちはいつも愛情のこもった目で人々を見ました。

◆ They were sweet and (**gentle-hearted**).
彼女たちは思いやりのある，やさしい心をもっていました。

教科書p.47

◆ The elephant (**keepers**) had to stop giving them anything to eat.
ゾウの飼育係は彼女たちに食べ物を与えるのをやめなければなりませんでした。

◆ When a keeper walked by their (**cage**), they stood up.
飼育係がおりのそばを通ると，彼女たちは立ち上がりました。

◇ I (**stood**) on the chair and cleaned the window.
私はいすの上に立ち，窓を掃除しました。

◇ (**Raise**) your hand if you have a question.
質問があれば，手をあげなさい。

◇ Elephants use their (**trunks**) to eat food.
ゾウは食べ物を食べるために鼻を使います。

教科書p.47

◆ Everyone at the zoo said (**with**) (**tears**).
動物園の人々はみな，涙ながらに言いました。

教科書p.48

◇ The cat always (**lies**) on the ground.
そのネコはいつも地面に横たわっています。

□□□ **lay** [lei レイ] ▶lie down	動 lie(横たわる)の過去形 ▶横たわる
□□□ **no longer ～**	もはや～しない[ではない]

11

□□□ **weak** [wiːk ウィーク]	形 弱い，衰弱した

12

□□□ **few** 重要 [fjuː フュー] ▶a few	形 (a fewで)少しの，いくつかの ▶少しの，いくつかの
□□□ bódy [bádi **バ**ディ]	名 死体
□□□ **exámine** [igzǽmin イグ**ザ**ミン]	動 検査[試験]する
□□□ **stómach** chに注意 [stʌ́mək ス**タ**マク]	名 胃，おなか
□□□ drop [drɑp ドラプ]	名 しずく，一滴

13

□□□ rest [rest レスト]	動 休息する
□□□ peace [piːs ピース]	名 平穏

3rd Stage

□□□ **not ～ any more**	もはや～ない
□□□ as [æz, əz アズ]	接 ～なので

◆ They (**lay**) (**down**) on the ground.
彼女たちは地面に横たわっていました。

◆ Tonky and Wanly could (**no**) (**longer**) move.
トンキーとワンリーはもはや動くことができませんでした。

教科書p.48

◆ They looked so (**weak**).
彼らはとても弱って見えました。

教科書p.48

◆ (**A**) (**few**) days later, Tonky and Wanly died.
数日後，トンキーとワンリーは死にました。

◇ They found a (**body**) in the river.
彼らは川で死体を見つけました。

◆ The elephants' bodies were (**examined**).
ゾウの遺体は検査されました。

◇ I have a pain in my (**stomach**).
私は胃痛がします。

◇ I felt a (**drop**) of rain on my face.
私は顔に雨つぶを感じました。

教科書p.48

◇ I (**rested**) well this weekend.
この週末，私はよく休みました。

◆ Today, the three elephants rest in (**peace**) with other animals.
今日，３頭のゾウはほかの動物たちとともに安らかに眠っています。

教科書p.49

◆ They could (**not**) move (**any**) (**more**).
彼らはもはや動くことができませんでした。

◇ (**As**) it's rainy tomorrow, I'll stay home all day.
明日は雨なので，私は一日じゅう家にいます。

Power-Up 2

不良品を交換しよう

□□□	**stain** [stein ステイン]	名 しみ，よごれ
□□□	**sleeve** [sliːv スリーヴ]	名 そで
□□□	**exchange** [ikstʃéindʒ イクス**チェ**インヂ]	動 交換する
□□□	**receipt** pに注意 [risíːt リ**スィ**ート]	名 領収書，レシート
□□□	**salesclerk** [séilzkləːrk **セ**イルズクラーク]	名 店員
□□□	work [wəːrk ワーク]	動 機能する，作動する
□□□	**lens** [lenz レンズ]	名 レンズ
□□□	**damage** [dǽmidʒ **ダ**ミヂ]	動 傷つける
□□□	minute [mínit **ミ**ニト] ▶Just a minute.	名 ほんの一瞬 ▶少々お待ちください。
□□□	return [ritə́ːrn リ**ター**ン]	動 (ものを)もどす
□□□	**May I help you?**	いらっしゃいませ。

教科書p.50

◇ My sweater has a (**stain**).
私のセーターにはしみが付いています。

◇ I won't buy this jacket because its (**sleeves**) are too long.
そでが長すぎるので，私はこのジャケットを買いません。

◇ Can I (**exchange**) this sweater?
このセーターを交換できますか。

◆ May I look at the (**receipt**) and the watch, please?
領収書と時計を見せていただけますか。

◇ The (**salesclerk**) showed me a nice bag.
その店員は私にすてきなかばんを見せてくれました。

◆ The watch doesn't (**work**).
その時計は動きません。

◇ I want to buy a new (**lens**) for my camera.
私はカメラのための新しいレンズを買いたいです。

◆ The lens was (**damaged**).
レンズに傷がありました。

◆ (**Just**) (**a**) (**minute**).
少々お待ちください。

◆ I'd like to (**return**) this.
私はこれを返品したいです。

◆ (**May**) (**I**) (**help**) (**you**)?
いらっしゃいませ。

テスト直前チェック R❶

Reading ❶

⧄ faithful	忠実な
⧄ visitor	来園者，訪問者
⧄ trick	芸
⧄ do a trick	芸をする
⧄ worse	bad(悪い)の比較級
⧄ get worse	悪化する
⧄ little by little	少しずつ
⧄ harm	害を与える，傷つける
⧄ the Army	陸軍
⧄ order	命令する
⧄ **kill**	殺す
⧄ get away	逃げ出す
⧄ zookeeper	動物園の飼育係
⧄ poisoned	毒入りの
⧄ clever	頭がよい，賢い
⧄ injection	注射
⧄ skin	皮ふ
⧄ needle	注射針
⧄ so ～ that ...	あまりに～なので…
⧄ too ～ for － to ...	－にはあまりにも～すぎて…できない
⧄ go through	貫通する
⧄ finally	最後に，終わりに
⧄ **poor**	かわいそうな
⧄ come	(時が)来る，近づく
⧄ loving	愛情のこもった
⧄ gentle-hearted	やさしい心をもった
⧄ keeper	飼育係
⧄ cage	(動物の)おり
⧄ stood	stand(立つ)の過去形《過去分詞形も同形》
⧄ raise	(持ち)上げる
⧄ trunk	(ゾウの)鼻
⧄ with tears	涙をためて，涙ながらに
⧄ lie	横たわる
⧄ lay	lie(横たわる)の過去形
⧄ lie down	横たわる
⧄ no longer ～	もはや～しない[ではない]
⧄ weak	弱い，衰弱した
⧄ **few**	(a fewで)少しの，いくつかの
⧄ a few	少しの，いくつかの
⧄ body	死体
⧄ examine	検査[試験]する

⧄ stomach	胃，おなか
⧄ drop	しずく，一滴
⧄ rest	休息する
⧄ peace	平穏
⧄ not ～ any more	もはや～ない
⧄ as ～	～なので

Power-Up ❷

⧄ stain	しみ，よごれ
⧄ sleeve	そで
⧄ exchange	交換する
⧄ receipt	領収書，レシート
⧄ salesclerk	店員
⧄ work	機能する，作動する
⧄ lens	レンズ
⧄ damage	傷つける
⧄ minute	ほんの一瞬
⧄ Just a minute.	少々お待ちください。
⧄ return	(ものを)もどす
⧄ May I help you?	いらっしゃいませ。

PROGRAM 4

Sign Languages, Not Just Gestures!

Scenes 1

□□□ **sign language** [sáin lǽŋgwidʒ サイン ラングウィヂ]	名 手話
□□□ **gesture** [dʒéstʃər チェスチャ]	名 身ぶり，ジェスチャー
□□□ **photo** [fóutou フォウトウ]	名 写真 類義語 picture[píktʃər ピクチャ]
□□□ **kid** [kid キド] ▶No kidding!	動 からかう ▶まさか。[冗談でしょう。]
□□□ **bench** [bentʃ ベンチ]	名 ベンチ

Scenes 2

□□□ **travel** [trǽvəl トラヴェル]	名 旅行
□□□ **design** [dizáin ディザイン]	動 デザインする

Think 1

□□□ **must** [mʌst, məst マスト]	助 ～にちがいない
□□□ **communicate** mmに注意 [kəmjúːnəkeit コミューニケイト]	動 情報[意見，気持ち]を伝え合う
□□□ **realize** [ríːəlaiz リーアライズ]	動 理解する，実感する
□□□ **different** [dífərənt ディファレント]	形 さまざまな，いろいろな

その他の語句 ・ASL [éiesél エイエスエル] アメリカ手話(=American Sign Language)

教科書p.51 ~ p.53

◇ I want to learn (**sign**) (**language**).
私は手話を学びたいです。

◇ When I talk with foreign people, I often use (**gestures**).
外国の人と話すとき，私はよくジェスチャーを使います。

◆ This is a (**photo**) of my high school days.
これは私の高校時代の写真です。

◆ Is this you? (**No**) (**kidding**)!
これがあなたですか。冗談でしょう。

◆ I like the cat sleeping on the (**bench**).
私はベンチで眠っているネコが好きです。

教科書p.52 ~ p.53

◆ This is a (**travel**) bag made in Italy.
これはイタリアで作られた旅行かばんです。

◆ This is a winter cap (**designed**) in France.
これはフランスでデザインされた防寒帽子です。

教科書p.54

◇ She (**must**) be sick.
彼女は病気にちがいありません。

◆ It must be fantastic to (**communicate**) in sign language.
手話で気持ちを伝え合うことはすばらしいにちがいありません。

◆ I didn't (**realize**) there were different kinds of sign language.
私は異なる種類の手話があるとは知りませんでした。

◇ There are (**different**) kinds of restaurants in this shopping mall.
このショッピングモールにはさまざまな種類のレストランがあります。

Think 2

□□□ **official** ffに注意 [əfíʃəl オ**フィ**シャル]	形 公式の，正式の
□□□ **widely** [wáidli **ワ**イドリ]	副 広く
□□□ **user** [júːzər **ユ**ーザ]	名 使用者
□□□ **expression** [ikspréʃən イクスプ**レ**ション]	名 表現

その他の語句 ・Ásia [éiʒə **エ**イジャ] アジア

Think 3

□□□ sign [sain サイン]	動 身ぶりで伝える
□□□ **spell** [spel スペル]	動 つづる，書く
□□□ with [wið ウィズ]	前 ～を使って
□□□ **alphabet** [ǽlfəbet **ア**ルファベト]	名 アルファベット
□□□ **lower** [lóuər **ロ**ウア]	動 下げる
□□□ **eyebrow** [áibrau **ア**イブラウ]	名 まゆ，まゆ毛
□□□ **facial** [féiʃəl **フェ**イシャル]	形 顔の
□□□ **necessary** 重要 [nésəseri **ネ**セセリ]	形 必要な

教科書p.55

◆ Sign language is used as an (**official**) language.
手話は公用語として使われています。

◆ ASL is a sign language used (**widely**) around the world.
ASLは世界じゅうで広く使われている手話です。

◆ There are about half a million ASL (**users**) in the U.S.
アメリカには約50万人のASL利用者がいます。

◆ Would you like to learn some ASL (**expressions**)?
ASLの表現をいくつか学んでみてはいかがですか。

・África [ǽfrikə **ア**フリカ] アフリカ

4

教科書p.56

◆ First, (**sign**) “my” and “name” like this.
まず，このようにして「私の」と「名前」の身ぶりをしてください。

◆ (**Spell**) your name with the sign language alphabet.
手話のアルファベットで名前をつづってください。

◇ This picture was drawn (**with**) a computer.
この絵はコンピュータを使って描かれました。

◇ At first, let’s learn the (**alphabet**).
まず，アルファベットを学びましょう。

◆ I didn’t (**lower**) my eyebrows.
私はまゆ毛を下げませんでした。

◇ He raises his (**eyebrows**) when he is surprised.
彼は驚くときにまゆ毛を上げます。

◆ (**Facial**) expressions are also necessary in ASL.
顔の表情もASLでは必要です。

◇ Water is (**necessary**) for our lives.
水は私たちの生活に必要です。

Interact

□ □ □ **stage** [steidʒ ステイヂ]	名 舞台，ステージ
□ □ □ **worn** [wɔːrn ウォーン]	動 wear（着ている）の過去分詞形

英語のしくみ

□ □ □ **brо́ken** [bróukən ブ**ロ**ウクン]	動 break（壊す）の過去分詞形

人やものの数や量を表す表現

	＋数えられる名詞	＋数えられない名詞
some 〜（いくつかの）	○	○
a few 〜（いくつかの）	○	×
no 〜（ひとつも〜ない）	○	○

some pens（いくつかのペン）

a few bags（いくつかのバッグ）

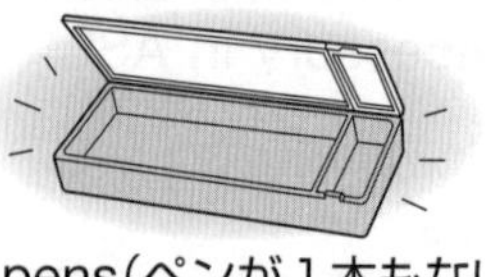

no pens（ペンが１本もない）

no water（水が１滴もない）

教科書p.58

- Look at the (**stage**).
  ステージを見てください。

- It's a kind of *kimono* (**worn**) in summer or after a bath.
  それは夏やふろのあとに着る着物の一種です。

教科書p.59

- This is the computer (**broken**) by Taro.
  これは太郎によって壊されたコンピュータです。

	＋数えられる名詞	＋数えられない名詞
many ～（たくさんの）	○	×
much ～（たくさんの）	×	○
a lot of ～（たくさんの）	○	○

many books（たくさんの本）

much sugar（たくさんの砂糖）

a lot of cars（たくさんの車）

a lot of snow（たくさんの雪）

Power-Up 3

ホームページで学校を紹介しよう

□□□	**last** [læst ラスト]	動 続く
□□□	**inclúding** [inklúːdiŋ インク**ル**ーディング]	前 (～を)含めて
□□□	**eleméntary school** [eləméntəri skuːl エレ**メ**ンタリ　スクール]	名 小学校
□□□	**actívity** [æktívəti アク**ティ**ヴィティ]	名 活動
□□□	**chámpionship** [tʃǽmpiənʃip **チャ**ンピオンシプ]	名 優勝
□□□	**séveral** [sévərəl **セ**ヴラル]	形 いくつかの
□□□	**begínner** （nnに注意） [bigínər ビ**ギ**ナ]	名 初心者
□□□	**stárting player** [stɑ́ːrtiŋ pleiər ス**タ**ーティング　プレイア]	名 先発選手，スタメン
□□□	**take part in ～**	～に参加する
□□□	**óuting** [áutiŋ **ア**ウティング]	名 遠足 類義語 field trip[fíːld tríp **フィ**ールド **トリ**プ]
□□□	**competítion** [kɑmpətíʃən カンペ**ティ**ション]	名 試合，競技会
□□□	**cóuncil** [káunsəl **カ**ウンスル]	名 協議会，会議
□□□	**eléction** [ilékʃən イ**レ**クション]	名 選挙

教科書p.60 ~ p.61

◇ The festival (**lasts**) for two days.
そのお祭りは2日間続きます。

◇ All the students (**including**) me enjoyed the festival.
私を含めたすべての生徒がお祭りを楽しみました。

◇ My little brother goes to an (**elementary**) (**school**).
私の弟は小学校に通っています。

◇ My family enjoys outdoor (**activities**) on sunny holidays.
私の家族は，晴れた休日には野外活動を楽しみます。

◆ We have won the (**championship**) in the local tournament.
私たちは地元のトーナメントで優勝したことがあります。

◇ Ms. Smith has studied Japanese for (**several**) years.
スミス先生は日本語を数年間勉強しています。

◆ We welcome (**beginners**)!
私たちは初心者を歓迎します。

◆ If you practice hard, you can be a (**starting**) (**player**).
もし一生懸命練習すれば，あなたも先発選手になれますよ。

◆ We (**take**) (**part**) (**in**) a local contest every summer.
私たちは毎年夏に地元のコンクールに参加します。

◇ We are going to go for an (**outing**) next Friday.
私たちは今度の金曜日に遠足に行く予定です。

◇ I hope you will win the swimming (**competition**).
私はあなたが水泳の競技会で勝つことを願っています。

◇ Her father is a member of the city (**council**).
彼女のおとうさんは市議会議員です。

◇ The student council (**election**) will be held next month.
生徒会選挙が来月に開催されます。

□□□ **displáy** [displéi ディスプ**レイ**]	名 展示
□□□ éxercise [éksərsaiz **エ**クササイズ]	名 運動
□□□ **deféat** [difíːt ディ**フィ**ート]	動 (相手を)負かす
□□□ round [raund ラウンド]	名 ～回戦，ラウンド
□□□ lose [luːz ルーズ]	動 (試合などに)負ける
□□□ **semifínal** [semifáinl セミ**ファ**イヌル]	形 準決勝の
□□□ **match** [mætʃ マチ]	名 試合，競技 **類義語** game[géim **ゲ**イム]
□□□ **seed** [siːd スィード]	動 (通例受け身で)(スポーツで)シードする
□□□ close [klous クロウス]	形 ([klous]で)(試合などが)接戦の，近い

game と match

game：試合(団体競技の試合)

a soccer game(サッカーの試合)

a baseball game(野球の試合)

※大まかな１つの目安として確認しましょう。

◇ His painting will be on (**display**) in the museum.
彼の絵は美術館に展示されるでしょう。

◇ Swimming is a good (**exercise**).
水泳はよい運動です。

◇ Our team was (**defeated**) in the first round.
私たちのチームは初戦で負けました。

◇ The second (**round**) just started.
ちょうど2回戦が始まったところです。

◇ Their team (**lost**) the game.
彼らのチームは試合に負けました。

◇ I won the (**semifinal**) game.
私は準決勝を勝ちました。

◇ We went to see his tennis (**match**) yesterday.
私たちは昨日，彼のテニスの試合を見に行きました。

◇ Our team was (**seeded**) against another one.
私たちのチームは，もう１つのチームに対してシードされました。

◇ It was a (**close**) game.
それは接戦でした。

match：試合（個人競技の試合）

a *judo* match（柔道の試合）

a tennis match（テニスの試合）

テスト直前チェック ④

PROGRAM 4

⧄ sign language	手話
⧄ gesture	身ぶり，ジェスチャー
⧄ photo	写真
⧄ kid	からかう
⧄ No kidding!	まさか。[冗談でしょう。]
⧄ bench	ベンチ
⧄ travel	旅行
⧄ design	デザインする
⧄ must	～にちがいない
⧄ communicate	情報[意見，気持ち]を伝え合う
⧄ realize	理解する，実感する
⧄ different	さまざまな，いろいろな
⧄ official	公式の，正式の
⧄ widely	広く
⧄ user	使用者
⧄ expression	表現
⧄ sign	身ぶりで伝える
⧄ spell	つづる，書く
⧄ with	～を使って
⧄ alphabet	アルファベット
⧄ lower	下げる
⧄ eyebrow	まゆ，まゆ毛
⧄ facial	顔の
⧄ **necessary**	必要な
⧄ stage	舞台，ステージ
⧄ worn	wear(着ている)の過去分詞形
⧄ broken	break(壊す)の過去分詞形

Power-Up ❸

⧄ last	続く
⧄ including	(～を)含めて
⧄ elementary school	小学校
⧄ activity	活動
⧄ championship	優勝
⧄ several	いくつかの
⧄ beginner	初心者
⧄ starting player	先発選手，スタメン
⧄ take part in ～	～に参加する
⧄ outing	遠足
⧄ competition	試合，競技会
⧄ council	協議会，会議

⧄ election	選挙
⧄ display	展示
⧄ exercise	運動
⧄ defeat	(相手を)負かす
⧄ round	～回戦，ラウンド
⧄ lose	(試合などに)負ける
⧄ semifinal	準決勝の
⧄ match	試合，競技
⧄ seed	(通例受け身で)(スポーツで)シードする
⧄ close	([klous]で)(試合などが)接戦の，近い

PROGRAM 5

The Story of Chocolate

Scenes 1

□□□ who [huː フー]	関代 ～する[である](人)≪主格≫

Scenes 2

□□□ which [*h*witʃ (ホ)ウィチ]	関代 ～する[である](もの，事がら)≪主格≫
□□□ **belóng** [bilɔ́ːŋ ビ**ロ**ーング] ▶belong to ～	動 (～に)属する，一員である ▶～に属する
□□□ fámily [fǽməli **ファ**ミリ]	名 科
□□□ **male** [meil メイル]	名 雄，男性
□□□ **neck** [nek ネク]	名 首
□□□ land [lænd ランド]	名 陸，陸地，土地
□□□ **préfecture** [príːfektʃər **プリ**ーフェクチャ]	名 県
□□□ **surróund** rrに注意 [səráund サ**ラ**ウンド]	動 囲む

Scenes 3

□□□ that [ðæt ザト]	関代 ～する[である](人・もの・事がら)≪主格≫
□□□ **scene** [siːn スィーン]	名 場面

教科書p.64～p.65

◇ Look at the woman (**who**) has long hair.
あの髪の長い女の人を見てください。

教科書p.64～p.65

◆ Lions are large animals (**which**) belong to the cat family.
ライオンはネコ科に属する大きな動物です。

◇ Sayaka (**belongs**) (**to**) the tennis team.
沙也加はテニス部の一員です。

◇ Foxes are in the dog (**family**).
キツネはイヌ科です。

◆ Only the (**male**) has long hair around its neck.
オスだけが首のまわりに長いたてがみがあります。

◇ Wrap this towel around your (**neck**).
このタオルを首のまわりに巻いてください。

◆ This is an animal which is the largest on (**land**).
これは陸地でもっとも大きな動物です。

◆ This is a (**prefecture**) which has a large lake.
これは大きな湖がある県です。

◆ The prefecture is (**surrounded**) by the sea.
その県は海に囲まれています。

教科書p.64～p.65

◆ It's a movie (**that**) has many romantic scenes.
それはロマンチックな場面の多い映画です。

◇ The action movie had a lot of dangerous (**scenes**).
そのアクション映画にはたくさんの危険な場面がありました。

□□□ **serve** [sə:*r*v サーヴ]	動 (食事などを)出す
□□□ **used** [ju:zd ユーズド]	形 中古の
□□□ **jean** [dʒi:n ヂーン]	名 (jeansで)ジーンズ

Think 1

□□□ **website** [wébsait **ウェ**ブサイト]	名 ウェブサイト
□□□ original [ərídʒənəl オ**リ**ヂナル]	形 元々の
□□□ **crush** [krʌʃ クラシュ]	動 押しつぶす
□□□ **cacao** [kəká:ou カ**カー**オウ]	名 カカオ
□□□ **bean** [bi:n ビーン]	名 豆
□□□ **spice** [spais スパイス]	名 香辛料，スパイス
□□□ **regard** [rigá:*r*d リ**ガー**ド] ▶regard ～ as ...	動 みなす ▶～を…とみなす
□□□ **valuable** [vǽljuəbl **ヴァ**リュアブル]	形 高価な

その他の語句 ・México [méksikou **メ**クスィコウ] メキシコ

◆ Let's go to a restaurant that (**serves**) good steak.
おいしいステーキを出すレストランへ行きましょう。

◇ My brother bought a (**used**) book yesterday.
私の兄は昨日，古本を買いました。

◇ I often wear (**jeans**) when I go out.
私は出かけるとき，よくジーンズをはきます。

教科書p.66

◆ According to a (**website**), the original chocolate was just a bitter drink.
あるウェブサイトによれば，初期のチョコレートはただの苦い飲み物でした。

◇ I got the (**original**) idea from him.
私は元々の考えを彼から得ました。

◆ It was made from (**crushed**) cacao beans and spices.
それは押しつぶしたカカオ豆とスパイスから作られていました。

◇ They started growing (**cacao**) trees in their country.
彼らは自分たちの国で，カカオの木を育て始めました。

◇ Have you ever seen cacao (**beans**)?
あなたはカカオ豆を見たことがありますか。

◇ My mother likes food with (**spices**).
私の母はスパイスの入った食べ物が好きです。

◆ People (**regarded**) it (**as**) medicine.
人々はそれを薬とみなしました。

◇ Chocolate was very (**valuable**).
チョコレートはとても高価でした。

Think 2

□□□ **begin** 重要 [bigín ビ**ギ**ン]	動 始まる，始める
□□□ **began** 重要 [bigǽn ビ**ギャ**ン]	動 begin(始まる)の過去形
□□□ **solid** [sɑ́lid **サ**リド]	形 固形の
□□□ **add** [ǽd **ア**ド]	動 加える
□□□ **throughout** [θruːáut スルー**ア**ウト]	前 ～の至るところで[に]
□□□ **figure** [fígjər **フィ**ギャ]	名 図
□□□ **consume** [kənsjúːm コン**スュー**ム]	動 消費する

その他の語句 ・Spanish [spǽniʃ ス**パ**ニシュ] スペイン語[人]

Think 3

□□□ **image** [ímidʒ **イ**ミヂ]	名 印象，イメージ
□□□ **dark** [dɑːrk **ダー**ク]	形 暗い，悪い
□□□ **side** 重要 [said **サ**イド]	名 (事がらの)面
□□□ **unfairly** [ʌnféərli アン**フェ**アリ]	副 不当に，不公平に
□□□ **price** [prais プ**ラ**イス]	名 価格，値段

教科書p.67

◇ Let's (**begin**) the class.
授業を始めましょう。

◆ Europeans (**began**) to drink their chocolate with sugar.
ヨーロッパの人々はチョコレートに砂糖を加えて飲み始めました。

◆ The world's first (**solid**) chocolate was made in 1847.
世界初の固形のチョコレートは1847年に作られました。

◆ A Swiss man and his friend (**added**) milk to improve its taste.
あるスイス人男性と彼の友人がその味を改善するために牛乳を加えました。

◆ Chocolate is enjoyed (**throughout**) the world now.
チョコレートは今や世界じゅうで楽しまれています。

◆ Look at this (**figure**).
この図を見てください。

◆ Let's find the countries which (**consume**) a lot of chocolate.
チョコレートをたくさん消費している国を見つけましょう。

・European [juərəpíːən ユアロ**ピー**アン] ヨーロッパ人
・Swiss [swis スウィス] スイス人の

教科書p.68

◇ I think his (**image**) is very good.
私は彼のイメージはとてもよいと思います。

◆ The history of chocolate has its (**dark**) side.
チョコレートの歴史には暗い一面があります。

◇ Things always have both good and bad (**sides**).
物事にはいつもよい面と悪い面があります。

◆ Many cacao beans are sold at an (**unfairly**) low price.
多くのカカオ豆は不当に安い価格で売られています。

◇ Is the (**price**) of this bag low or high?
このかばんの価格は安いですか，それとも高いですか。

□□□ **poor** [puər プア]	形 貧しい
□□□ **force** [fɔːrs フォース]	動 (be forced to ～で)～せざるを得ない
□□□ **móvement** [múːvmənt **ム**ーヴメント]	名 動き，運動
□□□ **fair** [feər フェア]	形 公正な，適正な
□□□ **fáir tráde** [féər tréid **フェ**ア　ト**レ**イド]	名 フェアトレード，公正取引
□□□ **lógo** [lóugou **ロ**ウゴウ]	名 ロゴ，マーク

Interact

□□□ **fémale** [fíːmeil **フィ**ーメイル]	形 女性の
□□□ **mágic** [mǽdʒik **マ**ヂク]	形 魔法の
□□□ **pócket** [pákit **パ**キト]	名 ポケット
□□□ **tool** [tuːl トゥール]	名 道具
□□□ **cartóon** [kaːrtúːn カー**トゥ**ーン]	名 マンガ 類義語 comic[kámik **カ**ミク]
□□□ **row** [rou ロウ] ▶in a row	名 列 ▶続けて
□□□ **début** [déibjuː **デ**イビュー] tに注意	名 デビュー，初登場

◆ Cacao farm workers are very (**poor**).
カカオ農園の労働者たちはとても貧しいです。

◆ Many of their children (**are**) (**forced**) (**to**) work on cacao farms.
彼らの子どもたちの多くはカカオ農園で働かざるを得ません。

◆ Some people started a (**movement**) to improve farmers' lives.
農園で働く人たちの生活を改善するための運動を始めた人たちがいます。

◆ They buy cacao beans at a (**fair**) price.
彼らはカカオ豆を適正な価格で購入します。

◆ They sell "(**fair**) (**trade**)" chocolate.
彼らは「フェアトレード」チョコレートを販売します。

◆ Look for chocolate that has the fair trade (**logo**) on its package.
包みにフェアトレードのロゴマークが付いたチョコレートをさがしてみてください。

教科書p.70

◆ This is a (**female**) robot that is good at singing and cooking.
こちらは歌うことと料理することが得意な女性のロボットです。

◆ The robot has a (**magic**) pocket which has many useful tools.
そのロボットにはたくさんの役に立つ道具が入っている魔法のポケットがあります。

◇ I put the coin into a (**pocket**) of my jeans.
私はその硬貨をジーンズのポケットに入れました。

◇ These (**tools**) that I bought yesterday were useful.
私が昨日買ったこれらの道具は役立ちました。

◇ Doraemon is a famous Japanese (**cartoon**) character.
ドラえもんは有名な日本のマンガのキャラクターです。

◆ He won 29 games (**in**) (**a**) (**row**) from his debut.
彼はデビューから29試合連続で勝ちました。

◇ She is a singer who made her (**debut**) in 2016.
彼女は2016年にデビューを果たした歌手です。

□□□	**récord** [rékərd **レ**コド]	名 記録，最高記録
□□□	**pro** [prou プロウ]	名 プロ（棋士） **類義語** profέssional [prəfeʃənl プロ**フェ**ショヌル]

Steps 4 わかりやすい文章を考えよう

□□□	**pérfect** 重要 [pə́ːrfikt **パ**ーフィクト]	形 完全な，申し分ない
□□□	**electrónic** [ilektrάnik イレクト**ラ**ニク]	形 電子の
□□□	**díctionary** 重要 [díkʃəneri **ディ**クショネリ]	名 辞典，辞書 **複数形** dictionaries
□□□	**scroll** [skroul スクロウル]	動 （表示画面を）スクロールする
□□□	**dáily** [déili **デ**イリ]	形 毎日の，日常の
□□□	**tráffic light** [trǽfik lait ト**ラ**フィク　ライト]	名 信号機
□□□	**on the other hand**	一方，それに対して
□□□	**in other words**	つまり，言いかえれば
□□□	**at the same time**	同時に
□□□	**fail to ～**	～できない

その他の語句 ・LÉD [eliːdíː エルイー**ディ**ー] 発光ダイオード，エルイーディー

◆ This was a new (**record**) that made people excited.
これは人々を興奮させる新記録でした。

◆ He was the youngest (**pro**) in Japan.
彼は日本でいちばん若いプロでした。

教科書p.72 ～ p.73

◆ Our trip plan looked (**perfect**).
私たちの旅行計画は申し分がないようでした。

◆ (**Electronic**) dictionaries are small and light.
電子辞書は小さくて軽いです。

◇ Do you have an electronic (**dictionary**)?
あなたは電子辞書を持っていますか。

◆ We have to (**scroll**) to see more information.
より多くの情報を見るためには，私たちはスクロールしなければなりません。

◆ LED lights are used in many places in our (**daily**) life.
LEDは私たちの日常生活において多くの場所で使われています。

◇ The (**traffic**) (**light**) is red now.
今，信号は赤です。

◇ This book is expensive. (**On**) (**the**) (**other**) (**hand**), it's useful.
この本は高価です。一方でそれは役に立ちます。

◇ He always helps someone. (**In**) (**other**) (**words**), he is very kind.
彼はいつもだれかを助けています。つまり，彼はとても親切です。

◇ Takuya and I arrived at the station (**at**) (**the**) (**same**) (**time**).
拓也と私は同時に駅に到着しました。

◆ You may (**fail**) (**to**) see those wonderful things.
あなたはそれらのすばらしいものを見逃してしまうかもしれません。

Word Web ② 動詞の使い分け

□□□ **herself** [həːrsélf ハー**セ**ルフ]	代 彼女自身を
□□□ **butterfly** [bʌ́tərflai **バ**タフライ]	名 チョウ

◆look，see，watch

・look：(意識して視線を向けて)見る

She is looking at herself in the mirror.
(彼女は鏡で彼女自身を見ています。)

・see：(特に見ようとしなくても自然と)見える

We can see Mt. Fuji from here.
(ここからは富士山が見えます。)

・watch：(動いているものなどを注意して)見る，見守る

My brother always watches TV.
(私の兄[弟]はいつもテレビを見ています。)

教科書p.74

◆hear，listen

・hear：(自然と)聞こえる

I heard the sound of the piano yesterday.
(私は昨日ピアノの音が聞こえました。)

・listen：(自分から耳を傾けて)聞く

He is listening to his favorite song now.
(彼は今，お気に入りの歌を聞いています。)

テスト直前チェック ⑤

PROGRAM 5

⧄ who	～する[である](人)≪主格≫
⧄ which	～する[である](もの，事がら)≪主格≫
⧄ belong	(～に)属する，一員である
⧄ belong to ～	～に属する
⧄ family	科
⧄ male	雄，男性
⧄ neck	首
⧄ land	陸，陸地，土地
⧄ prefecture	県
⧄ surround	囲む
⧄ that	～する[である](人・もの・事がら)≪主格≫
⧄ scene	場面
⧄ serve	(食事などを)出す
⧄ used	中古の
⧄ jean	(jeans で)ジーンズ
⧄ website	ウェブサイト
⧄ original	元々の
⧄ crush	押しつぶす
⧄ cacao	カカオ
⧄ bean	豆
⧄ spice	香辛料，スパイス
⧄ regard	みなす
⧄ regard ～ as ...	～を…とみなす
⧄ valuable	高価な
⧄ **begin**	始まる，始める
⧄ **began**	begin(始まる)の過去形
⧄ solid	固形の
⧄ add	加える
⧄ throughout	～の至るところで[に]
⧄ figure	図
⧄ consume	消費する
⧄ image	印象，イメージ
⧄ dark	暗い，悪い
⧄ **side**	(事がらの)面
⧄ unfairly	不当に，不公平に
⧄ price	価格，値段
⧄ poor	貧しい
⧄ force	(be forced to ～ で)～せざるを得ない
⧄ movement	動き，運動
⧄ fair	公正な，適正な

⧄ fair trade	フェアトレード，公正取引
⧄ logo	ロゴ，マーク
⧄ female	女性の
⧄ magic	魔法の
⧄ pocket	ポケット
⧄ tool	道具
⧄ cartoon	マンガ
⧄ row	列
⧄ in a row	続けて
⧄ debut	デビュー，初登場
⧄ record	記録，最高記録
⧄ pro	プロ(棋士)

Steps 4

⧄ **perfect**	完全な，申し分ない
⧄ electronic	電子の
⧄ **dictionary**	辞典，辞書
⧄ scroll	(表示画面を)スクロールする
⧄ daily	毎日の，日常の
⧄ traffic light	信号機
⧄ on the other hand	一方，それに対して

⧄ in other words	つまり，言いかえれば
⧄ at the same time	同時に
⧄ fail to ～	～できない

Word Web ❷

⧄ herself	彼女自身を
⧄ butterfly	チョウ
⧄ **look**	(意識して視線を向けて)見る
⧄ **see**	(特に見ようとしなくても自然と)見える
⧄ **watch**	(動いているものを注意して)見る，見守る
⧄ **hear**	(自然と)聞こえる
⧄ **listen**	(自分から耳を傾けて)聞く

PROGRAM 6

The Great Pacific Garbage Patch

Scenes 1

□□□ which [*h*witʃ (ホ)ウィチ]	関代 ～が…する(もの，事がら)≪目的格≫
□□□ área [éəriə **エ**アリア]	名 地域，地方

その他の語句 ・the Gréat Pacífic Gárbage Pátch
[ðə gréit pəsífik gáːrbidʒ pǽtʃ ザ　グ**レ**イト　パ**スィ**フィク　**ガー**ビヂ　**パ**チ]
太平洋ごみベルト(特定の海流パターンで高濃度の海洋ごみが集まる所)

Scenes 2

□□□ that [ðæt ザト]	関代 ～が…する(人・もの・事がら)≪目的格≫
□□□ thin [θin スィン]	形 やせた
□□□ fat [fæt ファト]	形 太った 反意語 thin[θin **スィ**ン] 形 やせた

Scenes 3

□□□ stew [stjuː ステュー]	名 シチュー
□□□ créam puff [kríːm pʌf ク**リー**ム　パフ]	名 シュークリーム

Think 1

□□□ reséarcher [risə́ːrtʃər リ**サー**チャ]	名 研究者，調査員
□□□ sail [seil セイル]	動 船で行く，船旅をする

教科書p.75 ～ p.77

◆ Here is a plan (**which**) my father made for you.
ここに私の父があなたのために作った計画があります。

◆ Each (**area**) has its own soup taste.
それぞれの地域独自のスープの味があります。

・Washington, D.C. [wɑ́ʃiŋtən díːsíː **ワ**シントン **ディースィー**]
ワシントンDC(アメリカの首都)
・*ONE PIECE* [wʌ́n piːs **ワ**ン ピース] ワンピース(マンガのタイトル)

教科書p.76 ～ p.77

◆ The bag (**that**) he is carrying has a big pocket.
彼が運んでいるかばんには大きなポケットがあります。

◇ My mother is very (**thin**).
私の母はとてもやせています。

◆ Was he thin or (**fat**)?
彼はやせていましたか，太っていましたか。

教科書p.76 ～ p.77

◆ Beef (**stew**) is the food I like the best.
ビーフシチューは私がいちばん好きな食べ物です。

◆ I like the (**cream**) (**puffs**) my brother makes for me.
私は兄が作ってくれるシュークリームが好きです。

教科書p.78

◆ In 1997, an ocean (**researcher**) reached a new “land.”
1997年，ある海洋調査員は新しい「陸地」にたどり着きました。

◆ He was (**sailing**) across the Pacific Ocean.
彼は太平洋を船で横断していました。

□□□ **actually** [ǽktʃuəli **ア**クチュアリ]	副 実際に，実のところ
□□□ **huge** [hjuːdʒ ヒューヂ]	形 巨大な
□□□ **amount** [əmáunt ア**マ**ウント] ▶a huge amount of ~	名 ある量 ▶膨大な量の～
□□□ **float** [flout フロウト]	動 浮く，浮かぶ
□□□ **tiny** [táini **タ**イニ]	形 とても小さい
□□□ piece [piːs ピース]	名 破片
□□□ **patch** [pætʃ パチ]	名 小区画の海面，小区画
□□□ **whole** [houl ホウル]	形 全体の，全部の
□□□ **～ times as ... as －**	－の～倍…

その他の語句 ・the Pacific Ocean [ðə pəsífik óuʃən ザ　パ**スィ**フィク　**オ**ウシャン] 太平洋

Think 2

□□□ **harmful** [háːrmfəl **ハ**ームフル]	形 有害な，危険な
□□□ net [net ネト]	名 網
□□□ **surface** [sə́ːrfis **サ**ーフィス]	名 水面，表面

◆ It was (**actually**) a huge amount of garbage floating in the ocean.
それは実のところ海に浮かぶ膨大な量のごみでした。

◇ Mt. Fuji is a (**huge**) mountain.
富士山は巨大な山です。

◇ He got (**a**) (**huge**) (**amount**) (**of**) money that year.
彼はその年に多額のお金を手に入れました。

◇ This toy for playing in the water didn't (**float**) on water.
水遊び用のこのおもちゃは水に浮きませんでした。

◆ The "land" was made of big and (**tiny**) plastic pieces.
その「陸地」は大小のプラスチックのかけらでできていました。

◇ I found a (**piece**) of glass under the table.
私はテーブルの下でガラスの破片を見つけました。

◆ It is now called the Great Pacific Garbage (**Patch**).
それは今では，太平洋ごみベルトと呼ばれています。

◇ We can see the (**whole**) town from here.
ここから町全体を見ることができます。

◆ It is almost four (**times**) (**as**) large (**as**) the whole land of Japan.
それは日本全土の４倍ほどの大きさです。

教科書p.79

◆ The garbage patches are (**harmful**) to sea animals.
ごみベルトは海の生き物に有害です。

◆ They often get caught in fishing (**nets**).
それらはしばしば漁網に捕えられます。

◇ There were some flowers on the (**surface**) of the sea.
海面に何本かの花がありました。

□□□	**escape** [iskéip イスケイプ]	動 逃げる
□□□	**plastic** [plǽstik プラスティク]	名 プラスチック，ビニール
□□□	**human** [*h*júːmən ヒューマン]	名 人間
□□□	**throw** 重要 [θrou スロウ] ▶throw away ～	動 投げる ▶～を捨てる
□□□	**contain** [kəntéin コンテイン]	動 ～を含む
□□□	**ton** [tʌn タン]	名 トン（重量の単位）
□□□	**reduce** [rid*j*úːs リデュース]	動 減らす
□□□	**gather** [gǽðə*r* ギャザ]	動 集める
□□□	**get caught in ～**	～に捕えられる
□□□	**It is said (that) ～.**	～と言われています。

Think 3

□□□	**project** [prádʒekt プラヂェクト]	名 企画，計画 類義語 plan[plæn プラン]
□□□	**cleanup** [klíːnʌp クリーナプ]	名 掃除，清掃
□□□	**system** yに注意 [sístəm スィステム]	名 装置，システム

◇ A lot of tiny fish are trying to (**escape**) from the fishing net.
たくさんのとても小さい魚が漁網から逃げようとしています。

◇ We should recycle (**plastics**) for the future.
私たちは将来のためにプラスチックを再生利用しなければいけません。

◇ We (**humans**) often make mistakes.
私たち人間はよく間違いをします。

◇ Don't (**throw**) (**away**) things that can be recycled.
再生利用可能なものを捨てないでください。

◇ The book (**contains**) much useful information.
その本は多くの役立つ情報を含んでいます。

◇ About 1 (**ton**) of plastic bags were found in the pond.
約1トンのビニール袋がその池で見つかりました。

◆ We should (**reduce**) our use of plastic.
私たちはプラスチックの使用を減らすべきです。

◇ Aya will (**gather**) information about the problem.
綾はその問題についての情報を集めるつもりです。

◇ Be careful not to (**get**) (**caught**) (**in**) the machine.
機械に巻き込まれないように気をつけてください。

◇ (**It**) (**is**) (**said**) (**that**) elephants have good memories.
ゾウは記憶力がよいと言われています。

教科書p.80

◆ He started the Ocean Cleanup (**project**).
彼はオーシャン・クリーンアップ計画を始めました。

◇ A (**cleanup**) event will be held this weekend.
清掃イベントが今週末，開催されます。

◇ Does the cleanup (**system**) hurt sea animals?
クリーンアップシステムは海の生き物を傷つけてしまいますか。

□□□ **collect** 重要 [kəlékt コレクト]	動 集める
□□□ **trash** [træʃ トラシュ]	名 ごみ 類義語 garbage[gáːrbidʒ ガービヂ]
□□□ screen [skriːn スクリーン]	名 スクリーン，さえぎるもの
□□□ **hurt** urに注意 [həːrt ハート]	動 傷つける《過去形，過去分詞形も同形》
□□□ present [préznt プレズント]	名 (theをつけて)現在，今
□□□ thing [θiŋ スィング]	名 (複数形で)事態，事情

その他の語句 ・Boyan Slat [bóiən slæt ボイアン スラト]
ボイヤン・スラット(人名)（オランダの環境保護活動家）

Interact

□□□ **mark** [maːrk マーク]	動 印をつける
□□□ **broadcasting** [brɔ́ːdkæstiŋ ブロードキャスティング]	名 放送
□□□ **private** [práivət プライヴェト]	形 私用の
□□□ **allow** [əláu アラウ]	動 許す，認める
□□□ **term** [təːrm ターム]	名 学期

◇ We should (**collect**) garbage and recycle it.
私たちはごみを回収して，それを再生利用するべきです。

◇ They collected garbage from the (**trash**) box.
彼らはそのごみ箱からごみを回収しました。

◆ Huge (**screens**) catch the plastic without hurting sea animals.
巨大なスクリーンは海の生き物を傷つけることなく，プラスチックを捕えます。

◇ Even paper knives may (**hurt**) you.
ペーパーナイフでさえあなたを傷つけるかもしれません。

◆ Don't we all want a future that is better than the (**present**)?
私たちはみな，今よりもよい未来を望んでいますよね。

◆ We can actually make (**things**) better again.
実のところ私たちは，事態を再び改善することができます。

・Greece [griːs グリース] ギリシャ
・the Ócean Cléanup [ði óuʃən klíːnʌp ズィ **オ**ウシャン ク**リー**ナプ]
オーシャン・クリーンアップ（海洋プラスチックごみ回収）

教科書p.82

◆ It's something that we use to (**mark**) important words.
それは私たちが重要なことばに印をつけるために使うものです。

◇ There is a (**broadcasting**) room in my school.
私の学校には放送室があります。

◆ (**Private**) announcements are not allowed.
私用の発表は許されていません。

◇ Eating and drinking are not (**allowed**) in this museum.
この美術館では飲食は認められていません。

◇ Our school has a long cleaning time at the end of (**term**).
私たちの学校は，学期末に長い掃除の時間があります。

英語のしくみ

□□□	who [huː フー]	関代 ～が…する(人)≪目的格≫

Steps 5 ディスカッションをしよう

□□□	ax [æks アクス]	名 おの
□□□	báttery [bǽtəri **バ**テリ]	名 電池
□□□	blánket [blǽŋkit ブ**ラ**ンキト]	名 毛布
□□□	búcket [bʌ́kit **バ**キト]	名 バケツ
□□□	rádio [réidiou **レ**イディオウ]	名 ラジオ
□□□	shóvel [ʃʌ́vəl **シャ**ヴェル]	名 シャベル，スコップ
□□□	súnscreen [sʌ́nskriːn **サ**ンスクリーン]	名 日焼け止め剤
□□□	tent [tent テント]	名 テント
□□□	all the time	いつでも
□□□	agree with ～	～(人)に賛成する

教科書p.83

◇ Kate is a girl (**who**) I met in the U.S.
ケイトは私がアメリカで出会った少女です。

教科書p.84

◇ We need an (**ax**) to cut down this tree.
私たちはこの木を切り倒すためのおのが必要です。

◇ This electronic dictionary needs two (**batteries**).
この電子辞書は２本の電池が必要です。

◇ If I don't bring a (**blanket**), I'll feel very cold at night.
もし毛布を持って行かなければ，私は夜にとても寒く感じるでしょう。

◇ We can carry a lot of water if we have a (**bucket**).
もしバケツを持っていれば，私たちはたくさんの水を運ぶことができます。

◇ Can we use this (**radio**) without batteries?
このラジオは電池なしで使用できるのですか。

◇ He made a hole by using a (**shovel**).
彼はシャベルを使って穴を作りました。

◇ Are you going to bring (**sunscreen**) to the sea?
あなたは海に日焼け止め剤を持って行く予定ですか。

◇ I bought an outdoor (**tent**).
私は野外用テントを買いました。

◆ We use water (**all**) (**the**) (**time**).
私たちはいつでも水を使います。

◆ I (**agree**) (**with**) you.
私はあなたに賛成します。

Our Project 8

あなたの町を世界にPRしよう

□□□	**smell** [smel スメル]	動 においがする
□□□	**báll-shaped** [bɔ́ːlʃeipt **ボ**ールシェイプト]	形 ボールの形をした
□□□	**féature** eaに注意 [fíːtʃər **フィ**ーチャ]	名 特色，特徴
□□□	**grown** [groun グロウン]	動 grow(栽培する，育てる)の過去分詞形
□□□	**percént** [pərsént パ**セ**ント]	名 パーセント
□□□	**sheet** [ʃiːt シート]	名 用紙
□□□	**éxcellent** [éksələnt **エ**クセレント]	形 すばらしい，優れた
□□□	**intonátion** [intounéiʃən イントウ**ネ**イション]	名 抑揚，イントネーション
□□□	**pause** [pɔːz ポーズ]	名 間(ま)，休止
□□□	**emótional** [imóuʃənl イ**モ**ウショヌル]	形 感情の，感情的な
□□□	**explanátion** [eksplənéiʃən エクスプラ**ネ**イション]	名 説明
□□□	**lógical** [ládʒikəl **ラ**ヂカル]	形 論理的な
□□□	**both ～ and ...**	～と…の両方，～も…も

教科書p.85 ～ p.89

◆ It (**smells**) good.
いいにおいがします。

◆ *Takoyaki* is a Japanese (**ball-shaped**) snack.
たこ焼きはボールの形をした日本の軽食です。

◇ This beautiful park is one of the (**features**) of our town.
この美しい公園は私たちの町の特徴の１つです。

◇ This rice was (**grown**) in our town.
この米は私たちの町で育てられました。

◇ About 90 (**percent**) of *uchiwa* is made in this city.
うちわの約90パーセントはこの市で作られています。

◇ Hand in this check (**sheet**) after the class.
授業後にこのチェックシートを提出してください。

◇ Our city has a lot of (**excellent**) places to visit.
私たちの市には訪れるべきすばらしい場所がたくさんあります。

◇ His (**intonation**) was excellent.
彼のイントネーションはすばらしかったです。

◇ There were some good (**pauses**) in his speech.
彼のスピーチにはよい間が何度かありました。

◇ Her (**emotional**) play moved many people.
彼女の感情的な演奏は多くの人を感動させました。

◆ Is their (**explanation**) logical and easy to understand?
彼らの説明は論理的でわかりやすいですか。

◇ Sam always speaks in a (**logical**) way.
サムはいつも論理的に話します。

◆ They used (**both**) big (**and**) small voices.
彼らは大きい声も小さい声も使いました。

Power-Up 4

非常時のアナウンスを聞こう

□□□ **north** [nɔː*r*θ ノース]	名 形 北(の)
□□□ **west** [west ウェスト]	名 形 西(の)
□□□ **east** [iːst イースト]	名 形 東(の)
□□□ **south** [sauθ サウス]	名 形 南(の)
□□□ **éxit** [égzit **エ**グズィト]	名 出口
□□□ start [stɑː*r*t スタート]	動 (火事などが)起こる，発生する
□□□ **drill** [dril ドリル]	名 訓練

その他の語句 ・Itálian [itǽljən イ**タ**リャン] イタリアの

all と every

all＋名詞の複数形：すべての～ → (全体のまとまりをさしている)

複数

All the students have textbooks.
(すべての生徒は教科書を持っています。)

教科書p.90

◆ Use the (**north**) exit next to the restroom.
トイレの隣の北側出口を使ってください。

◆ Do not use the (**west**) exit next to the *ramen* shop.
ラーメン屋の隣の西側出口を使ってはいけません。

◇ The (**east**) escalator is broken now.
東側エスカレーターは現在故障しています。

◇ You are in front of the (**south**) elevator.
あなたは南側エレベーターの前にいます。

◇ We need to check (**exits**) at theaters.
私たちは劇場で出口を確認する必要があります。

◆ A fire (**started**) in the Italian restaurant on the 12th floor.
火事は12階のイタリアンレストランで発生しました。

◆ This is not a (**drill**).
これは訓練ではありません。

every＋名詞の単数形：どの～ →（個々のあつまりをさしている）

単数

Every student has a textbook.
（どの生徒も教科書を持っています。）

テスト直前チェック ⑥

PROGRAM 6

⧄ which	〜が…する(もの，事がら)≪目的格≫
⧄ area	地域，地方
⧄ that	〜が…する(人・もの・事がら)≪目的格≫
⧄ thin	やせた
⧄ fat	太った
⧄ stew	シチュー
⧄ cream puff	シュークリーム
⧄ researcher	研究者，調査員
⧄ sail	船で行く，船旅をする
⧄ actually	実際に，実のところ
⧄ huge	巨大な
⧄ amount	ある量
⧄ a huge amount of 〜	膨大な量の〜
⧄ float	浮く，浮かぶ
⧄ tiny	とても小さい
⧄ piece	破片
⧄ patch	小区画の海面，小区画
⧄ whole	全体の，全部の

⧄ 〜 times as ... as −	−の〜倍…
⧄ harmful	有害な，危険な
⧄ net	網
⧄ surface	水面，表面
⧄ escape	逃げる
⧄ plastic	プラスチック，ビニール
⧄ human	人間
⧄ **throw**	投げる
⧄ throw away 〜	〜を捨てる
⧄ contain	〜を含む
⧄ ton	トン(重量の単位)
⧄ reduce	減らす
⧄ gather	集める
⧄ get caught in 〜	〜に捕えられる
⧄ It is said (that) 〜.	〜と言われています。
⧄ project	企画，計画
⧄ cleanup	掃除，清掃
⧄ system	装置，システム
⧄ **collect**	集める
⧄ trash	ごみ
⧄ screen	スクリーン，さえぎるもの

⧄ hurt	傷つける《過去形，過去分詞形も同形》
⧄ present	(the をつけて)現在，今
⧄ thing	(複数形で)事態，事情
⧄ mark	印をつける
⧄ broadcasting	放送
⧄ private	私用の
⧄ allow	許す，認める
⧄ term	学期
⧄ who	～が…する(人)≪目的格≫

Steps 5

⧄ ax	おの
⧄ battery	電池
⧄ blanket	毛布
⧄ bucket	バケツ
⧄ radio	ラジオ
⧄ shovel	シャベル，スコップ
⧄ sunscreen	日焼け止め剤
⧄ tent	テント
⧄ all the time	いつでも
⧄ agree with ～	～(人)に賛成する

Our Project ❽

⧄ smell	においがする
⧄ ball-shaped	ボールの形をした
⧄ feature	特色，特徴
⧄ grown	grow(栽培する，育てる)の過去分詞形
⧄ percent	パーセント
⧄ sheet	用紙
⧄ excellent	すばらしい，優れた
⧄ intonation	抑揚，イントネーション
⧄ pause	間(ま)，休止
⧄ emotional	感情の，感情的な
⧄ explanation	説明
⧄ logical	論理的な
⧄ both ～ and ...	～と…の両方，～も…も

Power-Up ❹

⧄ north	北(の)
⧄ west	西(の)
⧄ east	東(の)
⧄ south	南(の)
⧄ exit	出口

⧄ start	(火事などが)起こる，発生する
⧄ drill	訓練

sayとtell，speakとtalkの違い

◆sayとtell

say：話す内容が必要　　　　　→「発している言葉」に重点

I said, "Yes!"
(私は「よし！」と言いました。)

tell：話す内容と伝える相手が必要→「発している内容」に重点

I told her about the trip.
(私は彼女に旅行について伝えました。)

◆speakとtalk

speak：「言葉を発する」という行為に重点

I spoke to people there.
(私はそこにいる人々に話しました。)

talk：「聞き手に対して言葉を伝える」という行為に重点

I talked to the girl in the room.
(私は部屋にいる女の子に話しかけました。)

PROGRAM 7

Is AI a Friend or an Enemy?

Scenes 1

□□□	**énemy** [énəmi エネミ]	名 敵，敵対者
□□□	**grándparent** [grǽn*d*peərənt グランドペアレント]	名 祖父，祖母
□□□	**exám** [igzǽm イグザム]	名 試験
□□□	**deep** [diːp ディープ]	形 深い
□□□	**clean up ～**	きれいに掃除する

その他の語句 ・AÍ [eiái エイアイ] エーアイ，人工知能(=artificial intelligence)

Scenes 2

□□□	**knew** [n*j*uː ニュー]	動 know(知る)の過去形
□□□	**músical** [mjúːzikəl ミューズィカル]	名 ミュージカル
□□□	**tícket** [tíkit ティキト]	名 券，切符
□□□	**have a break**	休憩する

Scenes 3

□□□	**wish** [wiʃ ウィシュ]	動 (仮定法過去で)～であればよいのに(と思う)
□□□	**héater** [híːtə*r* ヒータ]	名 暖房器具，ヒーター

教科書p.91 ~ p.93

◆ Is AI a friend or an (**enemy**)?
AIは友だちですか，敵ですか。

◆ My (**grandparents**) gave me some money.
祖父母が私にお金をくれました。

◆ You have an (**exam**) tomorrow, right?
あなたは明日，試験がありますよね。

◇ This river is very (**deep**).
この川はとても深いです。

◆ I have to (**clean**) (**up**) this room.
私はこの部屋をきれいに掃除しなければなりません。

教科書p.92 ~ p.93

◆ If I (**knew**) his phone number, I would ask him for you.
もし私が彼の電話番号を知っていれば，あなたのために彼にたずねるのに。

◆ This (**musical**) is very interesting.
このミュージカルはとてもおもしろいです。

◇ I was happy when I got a (**ticket**) of the musical.
そのミュージカルのチケットが取れたとき，私はうれしかったです。

◆ Can we (**have**) (**a**) (**break**)?
休みませんか。

教科書p.92 ~ p.93

◆ I (**wish**) I had a camera with me.
カメラを持っていればなあ。

◆ I wish there were a (**heater**) in this room.
この部屋にヒーターがあればなあ。

□□□ **shake** [ʃeik シェイク] ▶shake hands with ～	動 振る ▶～と握手する

Think 1

□□□ **vácuum** uuに注意 [vǽkjuəm **ヴァ**キュアム]	名 (vacuum cleanerで)電気掃除機
□□□ **cléaner** [klíːnər ク**リ**ーナ]	名 掃除機
□□□ **shape** [ʃeip シェイプ]	名 形
□□□ **insíde** [insáid イン**サイ**ド]	副 内部に
□□□ **map** [mæp マプ]	名 地図
□□□ **ónlíne** [ánláin **アン****ラ**イン]	形 オンラインの
□□□ keep [kiːp キープ]	動 とっておく，保つ
□□□ **suggést** [səgdʒést サグ**チェ**スト]	動 提案する，すすめる
□□□ **search for ～**	～をさがす

Think 2

□□□ devélop [divéləp ディ**ヴェ**ロプ]	動 発展する
□□□ **lével** [lévəl **レ**ヴェル]	名 水準，段階

◇ I wish I could (**shake**) (**hands**) (**with**) my favorite singer.
私のお気に入りの歌手と握手することができればなあ。

教科書p.94

◆ I want to buy a new (**vacuum**) cleaner.
私は新しい電気掃除機を買いたいです。

◇ New types of vacuum (**cleaners**) are made every year.
新型の電気掃除機が毎年作られています。

◆ How can it clean rooms of different (**shapes**)?
それはどうしてさまざまな形の部屋を掃除できるのですか。

◆ It has AI (**inside**).
それは内部にAIを搭載しています。

◆ It remembers the (**maps**) of the rooms.
それは部屋の配置図を記憶しています。

◆ AI can also keep your (**online**) shopping records.
AIはオンラインショッピングの履歴を保持しています。

◇ Let's (**keep**) this cake for dinner.
このケーキは夕食にとっておきましょう。

◇ Will you (**suggest**) how to solve this problem?
この問題を解決する方法を提案してくれませんか。

◆ What are you (**searching**) (**for**), Mom?
おかあさん，何をさがしているのですか？

教科書p.95

◇ AI system has been (**developing**) every year.
AIシステムは毎年発展しています。

◇ Their communication (**level**) is very high.
彼らのコミュニケーション水準はとても高いです。

□□□	**imagine** [imǽdʒin イ**マ**ヂン]	動 想像する
□□□	**program** [próugræm プ**ロ**ウグラム]	名 (コンピュータの)プログラム
□□□	**expert** [ékspəːrt **エ**クスパート]	名 熟練者，達人
□□□	**select** [silékt スィ**レ**クト]	動 選ぶ
□□□	move [muːv ムーヴ]	名 動き，指し手
□□□	**choice** [tʃɔis チョイス]	名 選択肢
□□□	beat [biːt ビート]	動 beat(打ち負かす)の過去形
□□□	**process** [práses プ**ラ**セス]	動 処理する，整理する
□□□	**quickly** 重要 [kwíkli ク**ウィ**クリ]	副 すぐに，速く
□□□	**ability** [əbíləti ア**ビ**リティ]	名 能力
□□□	**chance** 重要 [tʃæns チャンス]	名 機会，チャンス

その他の語句 ・Ponanza [pənǽnzə ポ**ナ**ンザ]
ポナンザ(コンピュータ将棋ソフトの名)

Think 3

□□□	**convenient** [kənvíːnjənt コン**ヴィ**ーニャント]	形 便利な

◇ Can you (**imagine**) your life without the internet?
あなたはインターネットのない生活を想像できますか。

◆ The computer (**program**) Ponanza studied 50,000 games.
コンピュータ・プログラムのポナンザは，5万もの対局を学習しました。

◇ Many (**experts**) are working to find a way to solve this problem.
多くの達人がこの問題を解決する方法を見つけるために働いています。

◆ Ponanza found how to (**select**) the best move.
ポナンザは最適な一手を選択する方法を見つけました。

◇ It always takes time for me to find a (**move**) when I play *shogi*.
私は将棋をするとき，いつも指し手を見つけるのに時間がかかります。

◇ I think he made a good (**choice**).
彼はよい選択をしたと私は思います。

◆ In 2013, Ponanza finally (**beat**) an expert.
2013年，ポナンザはついに達人を打ち負かしました。

◆ AI can store and (**process**) a lot of information quickly.
AIは多くの情報を速く記憶し，処理することができます。

◇ We decided to leave there (**quickly**).
私たちは急いでそこを離れる決断をしました。

◇ Humans have the (**ability**) to use languages.
人間は言語を使う能力を持っています。

◇ We were happy to have a (**chance**) to visit Tokyo.
私たちは，東京を訪れる機会を得られてうれしかったです。

教科書p.96

◆ AI makes our lives more (**convenient**).
AIは私たちの生活をより便利なものにします。

□□□	**point** [pɔint ポイント]	名 特徴，特質
□□□	**disease** [dizíːz ディ**ズィ**ーズ]	名 病気
□□□	**cancer** [kǽnsə*r* **キャ**ンサ]	名 がん(病名)
□□□	**operation** [ɑpəréiʃən アペ**レ**イション]	名 手術
□□□	**correctly** rrに注意 [kəréktli コ**レ**クトリ]	副 正しく，正確に
□□□	**human** [*h*júːmən **ヒュ**ーマン]	形 人間の
□□□	**patient** [péiʃənt **ペ**イシェント]	名 患者
□□□	**feeling** [fíːliŋ **フィ**ーリング]	名 気持ち，感情
□□□	**unbelievable** [ʌnbilíːvəbl アンビ**リ**ーヴァブル]	形 信じられない
□□□	**from now on**	これからは

Interact

□□□	**pyramid** [pírəmid **ピ**ラミド]	名 ピラミッド
□□□	**nobody** [nóubɑdi **ノ**ウバディ]	代 だれも～ない
□□□	**various** [véəriəs **ヴェ**アリアス]	形 いろいろの，さまざまな

◆ We should know both the good and bad (**points**) of it.
私たちはそのよい点と悪い点をどちらも知っておくべきです。

◇ AI may find (**diseases**) like cancer better than humans.
AIはガンのような病気を人間よりも上手に発見するかもしれません。

◇ It's very important for us to find (**cancer**) early.
私たちにとって，がんを早期に発見することはとても大切です。

◆ AI may do (**operations**) more correctly than humans.
AIは人間よりも正確に手術をするかもしれません。

◇ People need to use AI (**correctly**).
人々はAIを正しく利用する必要があります。

◆ (**Human**) doctors may lose their jobs.
人間の医師は仕事を失うかもしれません。

◆ AI may not understand (**patients'**) feelings.
AIは患者たちの気持ちを理解しないかもしれません。

◇ I understand your (**feeling**) well.
私はあなたの気持ちがよくわかります。

◆ AI has been developing at an (**unbelievable**) speed.
AIは信じられないスピードで発展しています。

◆ How can we live together with AI (**from**) (**now**) (**on**)?
私たちはこれからどのようにしてAIと共存することができるでしょうか。

教科書p.98

◆ I want to solve the mystery of the (**pyramids**).
私はピラミッドのなぞを解明したいです。

◆ (**Nobody**) knows how they were built.
だれもそれらがどのように建てられたのか知りません。

◇ There are (**various**) festivals around the world.
世界中にはさまざまな祭りがあります。

テスト直前チェック ⑦

PROGRAM 7	
⧄ enemy	敵，敵対者
⧄ grandparent	祖父，祖母
⧄ exam	試験
⧄ deep	深い
⧄ clean up ～	きれいに掃除する
⧄ knew	know(知る)の過去形
⧄ musical	ミュージカル
⧄ ticket	券，切符
⧄ have a break	休憩する
⧄ wish	(仮定法過去で)～であればよいのに(と思う)
⧄ heater	暖房器具，ヒーター
⧄ shake	振る
⧄ shake hands with ～	～と握手する
⧄ vacuum	(vacuum cleaner で)電気掃除機
⧄ cleaner	掃除機
⧄ shape	形
⧄ inside	内部に
⧄ map	地図
⧄ online	オンラインの
⧄ keep	とっておく，保つ
⧄ suggest	提案する，すすめる
⧄ search for ～	～をさがす
⧄ develop	発展する
⧄ level	水準，段階
⧄ imagine	想像する
⧄ program	(コンピュータの)プログラム
⧄ expert	熟練者，達人
⧄ select	選ぶ
⧄ move	動き，指し手
⧄ choice	選択肢
⧄ beat	beat(打ち負かす)の過去形
⧄ process	処理する，整理する
⧄ **quickly**	すぐに，速く
⧄ ability	能力
⧄ **chance**	機会，チャンス
⧄ convenient	便利な
⧄ point	特徴，特質
⧄ disease	病気
⧄ cancer	がん(病名)
⧄ operation	手術
⧄ correctly	正しく，正確に

☑ human	人間の
☑ patient	患者
☑ feeling	気持ち，感情
☑ unbelievable	信じられない
☑ from now on	これからは
☑ pyramid	ピラミッド
☑ nobody	だれも～ない
☑ various	いろいろの，さまざまな

Reading 2

Malala's Voice for the Future

1

□□□	**solútion** [səlúːʃən ソルーション]	名 解決策
□□□	**schóolgirl** [skúːlgəːrl スクールガール]	名 女子生徒
□□□	**déeply** [díːpli ディープリ]	副 深く
□□□	**word** [wəːrd ワード]	名 (しばしば複数形で)発言

その他の語句 ・Malála Yóusafzai [məláːlə júsəfzai マラーラ　ユサフザイ]
マララ・ユスフザイ(人名)
・Pakistáni [pækistǽni パキスタニ] パキスタン人の

2

□□□	**gúnman** [gʌ́nmən ガンマン]	名 殺し屋，無法者

3

□□□	**nórthern** [nɔ́ːrðərn ノーザン]	形 北の，北部地方の
□□□	**group** 重要 [gruːp グループ]	名 集団，一団
□□□	**fréedom** [fríːdəm フリーダム]	名 自由
□□□	**fréely** [fríːli フリーリ]	副 自由に
□□□	**hide** [haid ハイド]	動 隠す

教科書p.101

◆ Education is the only (**solution**).
教育が唯一の解決策なのです。

◇ Malala Yousafzai is a Pakistani (**schoolgirl**).
マララ・ユスフザイはパキスタンの女子生徒です。

◇ I was (**deeply**) moved by the story.
私はその話に深く感動しました。

◇ A lot of people were moved by Malala's (**words**).
たくさんの人々がマララの発言に感動しました。

・the Ú.Ń. [ðə júːén ザ **ユーエン**] 国際連合(=the Uníted Nátions)
・Malála Dáy [məláːlə déi マ**ラ**ーラ **デ**イ]
マララ・デー(国連がマララさんの功績をたたえて彼女の誕生日をマララ・デーと定めた)

教科書p.101

◆ Malala was shot by a (**gunman**).
マララは殺し屋によって撃たれました。

教科書p.102

◆ Malala was born in the Swat Valley of (**northern**) Pakistan.
マララは北パキスタンのスワート渓谷で生まれました。

◆ One day a Taliban (**group**) came to her town.
ある日，タリバンの一団が彼女の町へとやって来ました。

◆ People had no (**freedom**).
人々に自由はありませんでした。

◆ Girls could not go to school (**freely**).
女の子たちは自由に学校に行くことができませんでした。

◆ We had to (**hide**) our books under our shawls.
私たちはショールの下に本を隠さなければなりませんでした。

□□□ **shawl** [ʃɔːl ショール]
名 ショール，肩かけ

その他の語句
・the Swát Válley [ðə swát vǽli ザ ス**ワ**ト **ヴァ**リ] スワート渓谷(パキスタン)
・Pákistan [pǽkistæn **パ**キスタン] パキスタン

4

□□□ **míserable** [mízərəbl **ミ**ゼラブル]
形 みじめな

□□□ **blog** [blɑg ブラグ]
名 ブログ(ウェブ上の日記のようなもの)

5

□□□ **immédiately** mmに注意 [imíːdiətli イ**ミ**ーディエトリ]
副 ただちに，すぐに

□□□ **recóver** [rikʌ́vər リ**カ**ヴァ]
動 回復する

□□□ **miráculously** [mirǽkjuləsli ミ**ラ**キュラスリ]
副 奇跡的に

□□□ **sílent** [sáilənt **サ**イレント]
形 沈黙した，静かな

6

□□□ awárd [əwɔ́ːrd ア**ウォ**ード]
動 (賞として)与える，授与する

その他の語句
・the Nóbel Péace Príze [ðə nóubel píːs práiz ザ **ノ**ウベル **ピ**ース プ**ラ**イズ] ノーベル平和賞

7

□□□ end [end エンド]
動 終わらせる

◇ My grandmother always wears a green (**shawl**).
私の祖母はいつも緑色の肩かけを身につけています。

・Tâliban [tǽlibæn **タ**リバン] タリバン（イスラム教過激派組織）

教科書p.102

◆ Malala wrote about the (**miserable**) life there in her blog.
マララは自分のブログにそこでのみじめな生活について書きました。

◇ She kept writing her (**blog**).
彼女はブログを書き続けました。

教科書p.103

◆ (**Immediately**) she was taken to a hospital in the U.K.
ただちに，彼女はイギリスの病院に運ばれました。

◇ I hope you will (**recover**) soon.
あなたがすぐに回復することを願っています。

◆ Malala recovered (**miraculously**).
マララは奇跡的に回復しました。

◇ Everyone was (**silent**) at the meeting.
だれもがその会議で沈黙していました。

教科書p.103

◆ In 2014, the Nobel Peace Prize was (**awarded**) to Malala.
2014年に，ノーベル平和賞がマララに授与されました。

教科書p.104

◆ A war can never be (**ended**) by a war.
戦争を，戦争によって終わらせることは決してできません。

□□□ **gun** [gʌn ガン]	名 銃
□□□ **tank** [tæŋk タンク]	名 戦車
□□□ **soldier** [sóuldʒər **ソ**ウルヂャ]	名 兵士，軍人

8

□□□ **every** [évri **エ**ヴリ]	形 あらゆる，どの～も
□□□ **reality** [riǽləti リ**ア**リティ]	名 現実
□□□ **speak out**	率直に意見を述べる

3rd Stage

□□□ **control** [kəntróul コント**ロ**ウル]	名 支配，統制
□□□ **effective** [iféktiv イ**フェ**クティヴ]	形 効果的な，有効な
□□□ **express** [iksprés イクスプ**レ**ス]	動 言い表す，述べる
□□□ **opinion** [əpínjən オ**ピ**ニョン]	名 意見
□□□ **hometown** [hóumtáun **ホ**ウム**タ**ウン]	名 故郷の町
□□□ **ever since**	それ以来ずっと

◆ Instead of sending (**guns**), send pens.
銃を送る代わりに，ペンを送ってください。

◆ Instead of sending (**tanks**), send books.
戦車を送る代わりに，本を送ってください。

◆ Instead of sending (**soldiers**), send teachers.
兵士を送り込む代わりに，教師を送り込んでください。

教科書p.104

◆ There (**every**) girl and (**every**) boy are going to school.
そこではすべての少女や少年が学校へ行きます。

◆ Let us make today's dreams tomorrow's (**reality**).
今日の夢を明日の現実にしましょう。

◆ Malala continued to (**speak**) (**out**).
マララは率直に意見を述べ続けました。

教科書p.105

◆ Under the Taliban's (**control**), people had no freedom.
タリバンの支配下で，人々は自由がありませんでした。

◆ A war is not an (**effective**) way to end a war.
戦争は戦争を終わらせるための効果的な方法ではありません。

◆ Ever since, she has (**expressed**) her opinions.
それ以来，彼女は自分の意見を述べています。

◇ In my (**opinion**), her plan was the best in the group.
私の意見では，彼女の計画はその一団の中ではいちばんでした。

◆ Do you want to go back to your (**hometown**)?
あなたは故郷の町にもどりたいですか。

◇ We've been best friends (**ever**) (**since**).
私たちはそれ以来ずっと親友です。

Special Project 中学校の思い出を残そう

□□□ **spent** [spent スペント]	動 spend(過ごす)の過去形《過去分詞形も同形》
□□□ **méaningful** [míːniŋfəl **ミ**ーニングフル]	形 意味のある
□□□ **prógram** [próugræm プ**ロ**ウグラム]	名 教育課程，プログラム
□□□ **kíndness** [káindnis **カ**インドニス] SSに注意	名 親切，思いやり
□□□ **víctory** [víktəri **ヴィ**クトリ]	名 勝利

「終える」の表現

finish :「(もの・事を)終える，終わる / 完成させる」

My mother finished cooking for the party.
(私の母はパーティーのための料理を終えました。)

教科書p.106 ~ p.108

◆ The three days I (**spent**) there were meaningful.
私がそこで過ごした3日間は意味のあるものでした。

◇ I was able to have a (**meaningful**) time.
私は意味のある[有意義な]時間を過ごすことができました。

◆ I helped at a supermarket for our work experience (**program**).
私は職業経験プログラムとして，スーパーマーケットで手伝いをしました。

◆ I'll never forget their (**kindness**).
私は彼らの思いやりを決して忘れません。

◆ I will remember our beautiful harmony and our (**victory**)!
私は美しいハーモニーと私たちの勝利を思い出すでしょう。

end：「(もの・事を単に，途中であっても)終える，終わる」

I had to end the party at seven.
(私は7時にパーティーを終えなければなりませんでした。)

Word Web ③ オリンピック競技・パラリンピック競

ボールを使うスポーツ

wheelchair basketball
車いすバスケットボール

boccia
ボッチャ

golf
ゴルフ

goalball
ゴールボール

football
サッカー

football five-a-side
5人制サッカー

handball
ハンドボール

hockey
ホッケー

rugby sevens
7人制ラグビー

水中・水上でするスポーツ

sailing
セーリング

rowing
ボート

artistic swimming
アーティスティック
スイミング

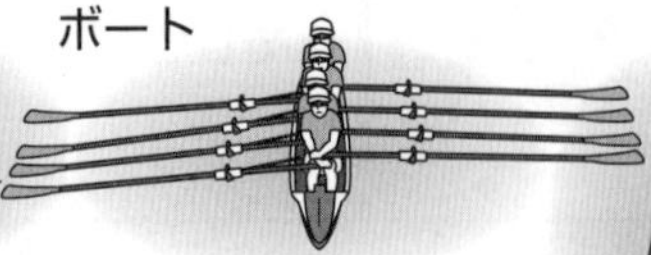

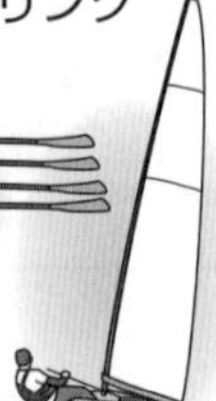

canoe
カヌー

water polo
水球

※この2ページで出てくる語句はすべて新出の語句です。

教科書p.109

compete 動 (compete in ～で)～(競技など)に参加する

Olympic 形 オリンピックの

Paralympic 形 パラリンピックの

テスト直前チェック R❷

Reading ❷

☑ solution	解決策
☑ schoolgirl	女子生徒
☑ deeply	深く
☑ word	(しばしば複数形で)発言
☑ gunman	殺し屋，無法者
☑ northern	北の，北部地方の
☑ **group**	集団，一団
☑ freedom	自由
☑ freely	自由に
☑ hide	隠す
☑ shawl	ショール，肩かけ
☑ miserable	みじめな
☑ blog	ブログ(ウェブ上の日記のようなもの)
☑ immediately	ただちに，すぐに
☑ recover	回復する
☑ miraculously	奇跡的に
☑ silent	沈黙した，静かな
☑ award	(賞として)与える，授与する
☑ end	終わらせる
☑ gun	銃
☑ tank	戦車
☑ soldier	兵士，軍人
☑ every	あらゆる，どの～も
☑ reality	現実
☑ speak out	率直に意見を述べる
☑ control	支配，統制
☑ effective	効果的な，有効な
☑ express	言い表す，述べる
☑ opinion	意見
☑ hometown	故郷の町
☑ ever since	それ以来ずっと

Special Project

☑ spent	spend(過ごす)の過去形《過去分詞形も同形》
☑ meaningful	意味のある
☑ program	教育課程，プログラム
☑ kindness	親切，思いやり
☑ victory	勝利

Word Web ❸

☑ archery	アーチェリー
☑ artistic swimming	アーティスティックスイミング

⧄ **badminton**	バドミントン
⧄ **baseball**	野球
⧄ softball	ソフトボール
⧄ **basketball**	バスケットボール
⧄ wheelchair basketball	車いすバスケットボール
⧄ boccia	ボッチャ
⧄ boxing	ボクシング
⧄ canoe	カヌー
⧄ **cycling**	自転車競技
⧄ equestrian	馬術
⧄ fencing	フェンシング
⧄ wheelchair fencing	車いすフェンシング
⧄ football	サッカー
⧄ football five-a-side	５人制サッカー
⧄ goalball	ゴールボール
⧄ golf	ゴルフ
⧄ gymnastics	体操
⧄ hammer throw	ハンマー投
⧄ handball	ハンドボール
⧄ hockey	ホッケー
⧄ modern pentathlon	近代五種

⧄ powerlifting	パワーリフティング
⧄ rhythmic gymnastics	新体操
⧄ rowing	ボート
⧄ rugby sevens	7人制ラグビー
⧄ wheelchair rugby	車いすラグビー
⧄ sailing	セーリング
⧄ shooting	射撃
⧄ skateboarding	スケートボード
⧄ sport climbing	スポーツクライミング
⧄ **surfing**	サーフィン
⧄ **swimming**	競泳
⧄ **table tennis**	卓球
⧄ *taekwondo*	テコンドー
⧄ **tennis**	テニス
⧄ wheelchair tennis	車いすテニス
⧄ triathlon	トライアスロン
⧄ triple jump	三段跳
⧄ **volleyball**	バレーボール
⧄ sitting volleyball	シッティングバレーボール
⧄ water polo	水球

⧄ weightlifting	ウエイトリフティング
⧄ **wrestling**	レスリング
⧄ Olympic	オリンピックの
⧄ Paralympic	パラリンピックの
⧄ compete	(compete in ～で)～(競技など)に参加する

「家」を指す単語

・home：「家庭」→家族が生活する場に重点

They have a happy home.
（彼らには幸せな家庭があります。）

・house：「家屋，住宅」→建物に重点

They have a big house.
（彼らは大きな家を持っています。）

※アメリカ合衆国ではhomeで「家屋，住宅」という意味を表すこともあります。

※homeのほかの意味：

① 「故郷，本国」

・I live in Kanagawa now, but my home[hometown] is Yamagata.
（私は今神奈川に住んでいますが，故郷は山形です。）

② 「本拠地，基地」

・The home of the Dragons is Nagoya.
（ドラゴンズの本拠地は名古屋です。）

③ 「原産地，生息地」

・Australia is the home of the koala.
（オーストラリアはコアラの生息地です。）

Further Reading 1

The Ig Nobel Prize

□□□ **parody** [pǽrədi **パ**ラディ]	名 もじり，パロディー
□□□ **improbable** [imprάbəbl インプ**ラ**バブル]	形 奇抜な，ありそうにもない
□□□ **silly** [síli **スィ**リ]	形 ばかばかしい，ばかげた
□□□ **surprisingly** [sərpráiziŋli サプ**ラ**イズィングリ]	副 驚いたことに，意外にも
□□□ **successful** [səksésfəl サク**セ**スフル]	形 成功した
□□□ **given** [gívən **ギ**ヴン]	動 give(与える)の過去分詞形
□□□ **recent** [ríːsnt **リー**スント]	形 最近の
□□□ **past** [pæst パスト] ▶in the recent past	名 過去，昔 ▶最近は
□□□ **winner** [wínər **ウィ**ナ]	名 受賞者
□□□ **hall** [hɔːl ホール]	名 ホール
□□□ **fill** [fil フィル]	動 満たす 類義語 full[ful フル] 形 いっぱいの，満ちた
□□□ **afterwards** [ǽftərwərdz **ア**フタワヅ]	副 その後
□□□ **audience** [ɔ́ːdiəns **オー**ディエンス]	名 聴衆，観客

◆ It started in 1991 as a (**parody**) of the Nobel Prize.
それは1991年にノーベル賞のパロディーとして始まりました。

◆ The awards go to "(**improbable**) research."
その賞は「奇抜な研究」に贈られます。

◆ Those studies look (**silly**) at first.
それらの研究は最初はばかげたものに見えます。

◇ (**Surprisingly**), she won the final match.
驚いたことに，彼女は決勝戦で勝ちました。

◇ Many people in the world know his (**successful**) work.
世界中のたくさんの人々が，彼の成功した仕事を知っています。

◆ The Ig Nobel Peace Prize was (**given**) to Mr. Inoue Daisuke.
イグノーベル平和賞は井上大佑さんに与えられました。

◇ (**Recent**) computers are excellent.
最近のコンピュータは優秀です。

◇ E-sport has become more popular (**in**) (**the**) (**recent**) (**past**).
最近ではeスポーツがより人気になってきています。

◆ The (**winners**) receive the awards and make a speech.
受賞者たちは賞を受け取り，スピーチをします。

◇ A piano concert was held at the city (**hall**) last week.
ピアノのコンサートが先週市民ホールで行われました。

◆ The hall is (**filled**) with scientists and students.
講堂は科学者や学生たちで満たされます。

◇ (**Afterwards**), Shoya began to study English.
その後，翔也は英語を勉強し始めました。

◇ Her performance attracted the (**audience**).
彼女の演技は観客を魅了しました。

□ □ □	**scientific** [saiəntífik サイエン**ティ**フィク]	形 科学の，科学的な
□ □ □	**presentation** [prezəntéiʃən プレゼン**テ**イション]	名 (研究)発表，プレゼンテーション
□ □ □	**following** [fɑ́louiŋ **ファ**ロウイング]	形 次の，下記の
□ □ □	**discovery** [diskʌ́vəri ディス**カ**ヴァリ]	名 発見
□ □ □	**bend** [bend ベンド] ▶bend over	動 体を曲げる ▶かがむ
□ □ □	view [vjuː ヴュー]	動 眺める，見る
□ □ □	**demonstration** [demənstréiʃən デモンスト**レ**イション]	名 実演，証明
□ □ □	**humorous** [*h*júːmərəs **ヒュ**ーマラス]	形 ユーモラスな，おかしい
□ □ □	**increase** [inkríːs インク**リ**ース]	動 増やす，強める
□ □ □	**curiosity** [kjuəriɑ́səti キュアリ**ア**スィティ]	名 好奇心
□ □ □	**krona** [króunə ク**ロ**ウナ]	名 クローナ(スウェーデンの貨幣単位)

その他の語句 ・the Ig Nobel Prize [ði íg noubel práiz ズィ **イ**グ ノウベル プ**ラ**イズ] イグノーベル賞

・the Nobel Prize [ðə nóubel práiz ザ **ノ**ウベル プ**ラ**イズ] ノーベル賞

◇ There are many (**scientific**) books in my father's room.
私の父の部屋にはたくさんの科学書があります。

◇ What kind of (**presentation**) did he do?
彼はどんな種類の発表をしましたか。

◆ They made the (**following**) discovery.
彼らは次のような発見をしました。

◇ I made a surprising (**discovery**) on that day.
その日私は驚くべき発見をしました。

◇ Please (**bend**) (**over**) in the front row.
一番前の列ではかがんでください。

◇ How do you (**view**) this idea?
あなたはこの考えをどう見ますか。

◆ He made a (**demonstration**) of his study.
彼は自分の研究の証明を行いました。

◆ Their study has something (**humorous**) and serious too.
彼らの研究はユーモラスで，まじめなものでもあるのです。

◆ We hope to (**increase**) people's curiosity.
私たちは人々の好奇心を強めることを望んでいます。

◇ Children are full of (**curiosity**).
子どもたちは好奇心に満ちています。

◆ Winners of the Nobel Prize receive 9 million Swedish (**krona**).
ノーベル賞の受賞者は900万スウェーデンクローナを受け取ります。

・Hárvard Univérsity [hɑ́ːrvərd juːnəvə́ːrsəti **ハ**ーヴァド　ユーニ**ヴァ**ースィティ]
ハーバード大学(アメリカの大学)

・Swédish [swíːdiʃ ス**ウィ**ーディシュ] スウェーデンの

テスト直前チェック FR❶

Further Reading ❶	
⧄ parody	もじり，パロディー
⧄ improbable	奇抜な，ありそうにもない
⧄ silly	ばかばかしい，ばかげた
⧄ surprisingly	驚いたことに，意外にも
⧄ successful	成功した
⧄ given	give(与える)の過去分詞形
⧄ recent	最近の
⧄ past	過去，昔
⧄ in the recent past	最近は
⧄ winner	受賞者
⧄ hall	ホール
⧄ fill	満たす
⧄ afterwards	その後
⧄ audience	聴衆，観客
⧄ scientific	科学の，科学的な
⧄ presentation	(研究)発表，プレゼンテーション
⧄ following	次の，下記の
⧄ discovery	発見
⧄ bend	体を曲げる
⧄ bend over	かがむ
⧄ view	眺める，見る
⧄ demonstration	実演，証明
⧄ humorous	ユーモラスな，おかしい
⧄ increase	増やす，強める
⧄ curiosity	好奇心
⧄ krona	クローナ(スウェーデンの貨幣単位)

現在完了形の文といっしょに使えない語句

現在完了形は，過去の動作や状態が現在とつながっていることを表す表現なので，日時がはっきりとした過去や過去の一時点のみを示す語句は，現在完了形の文では使うことができません。

today	今日	when ～	いつ～ / ～のとき
yesterday	昨日	what time ～	何時～
last ～	(この)前の～	these days	このごろ，近ごろ
～ ago	～前	nowadays	今日では，近ごろ
then	そのとき，そのころ	just now	たった今

※ yesterday，last ～，then は，since と組み合わせれば現在完了形の文で使うことができます。

I have been reading the book since yesterday.

→ since「～から(ずっと)」

（私は昨日からずっと本を読んでいます。）

※ just now「たった今」は，現在完了形の文では使わず，過去形の文で使います。

He finished cooking dinner just now.

→ 過去

（彼はたった今夕食を作り終えました。）

Further Reading

2 Library Lion

circulation desk [sə:*r*kjuléiʃən desk サーキュ**レ**イション　デスク]	名 貸し出しカウンター
stack [stæk スタク]	名（通例複数形で）書架，書庫
librarian [laibréəriən ライブ**レ**アリアン]	名 図書館員
Miss [mis ミス]	名 ～さん（女性に対する敬称）
break [breik ブレイク]	動（規則などを）破る
lady [léidi **レ**イディ]	名 婦人
seem [si:m スィーム]	動 ～のように見える
title [táitl **タ**イトル]	名 題名
stay [stei ステイ]	動（同じ場所に）とどまる
over [óuvə*r* **オ**ウヴァ]	副 終わって
closed [klouzd クロウズド]	形 閉じている
roar [rɔ:*r* ロー]	動 ほえる
demand [dimǽnd ディ**マ**ンド]	動 強くたずねる

◆ He walked right past the (**circulation**) (**desk**).
彼は歩いて貸し出しカウンターのそばを通り過ぎました。

◇ How many (**stacks**) are there in this library?
この図書館にはいくつの書架がありますか。

◆ Mr. McBee ran down to the head (**librarian**)'s office.
マクビーさんは図書館長室へと走っていきました。

◆ "No running," said (**Miss**) Merriweather.
「走らないでください。」とメリーウェザーさんは言いました。

◆ Is he (**breaking**) any rules?
彼は何か規則を破っているのですか。

◆ The story (**lady**) seemed a little nervous.
読み聞かせの女性は少し緊張しているように見えました。

◇ They (**seemed**) tired after the field trip.
遠足のあと，彼らは疲れて見えました。

◆ She read out the first book's (**title**) in a good, clear voice.
彼女はすてきな，はっきりとした声で最初の本の題名を読み上げました。

◆ The lion (**stayed**) for the next story.
ライオンは次の話までじっととどまりました。

◆ Story hour is (**over**).
読み聞かせの時間は終わりです。

◆ He looked at the (**closed**) books.
彼は閉じられた本を見ました。

◆ Then he (**roared**) very loud.
それから彼はとても大きくほえました。

◆ "Who is making that noise?" she (**demanded**).
「大声を出しているのはだれですか。」と彼女は強くたずねました。

□□□ **march** [mɑːrtʃ マーチ]	動 ずんずん歩く
□□□ **stern** [stəːrn スターン]	形 厳しい，断固とした
□□□ those [ðouz ゾウズ]	代 あれら[それら]
□□□ **tug** [tʌg タグ] ▶tug on ～	動 引っぱる ▶～を引っぱる
□□□ dress [dres ドレス]	名 ドレス
□□□ **prómise** [prámis プ**ラ**ミス]	動 約束する
□□□ **cértainly** [sə́ːrtnli **サー**トンリ]	副 確かに，必ず
□□□ **budge** [bʌdʒ バヂ] dに注意	動 身動きする
□□□ **might** [mait マイト] ▶might as well ～	助 may(～してよい)の過去形 ▶～するほうがよい
□□□ **dust** [dʌst ダスト]	動 ほこりを払う
□□□ **encyclopédia** [insaikləpíːdiə インサイクロ**ピー**ディア]	名 百科事典
□□□ untíl [əntíl アン**ティ**ル]	接 ～するまで(ずっと)
□□□ **lick** [lik リク]	動 なめる
□□□ **énvelope** [énvəloup **エ**ンヴェロウプ]	名 封筒

◆ Miss Merriweather （**marched**） over to the lion.
メリーウェザーさんはライオンのほうへとずんずん歩いていきました。

◆ She said in a （**stern**） voice.
彼女は厳しい声で言いました。

◆ （**Those**） are the rules!
それらが規則です。

◆ The little girl （**tugged**） （**on**） Miss Merriweather's dress.
小さな女の子がメリーウェザーさんのドレスを引っぱりました。

◇ She wanted to have a （**dress**） for the party.
彼女はパーティーのためのドレスがほしいと思っていました。

◇ If you （**promise**） to be quiet, you can come in.
もし静かにすると約束したら，入ってよいですよ。

◇ We will （**certainly**） win the game.
私たちは必ず試合に勝ちます。

◆ The lion did not （**budge**）.
ライオンは少しも身動きしませんでした。

◆ You （**might**） （**as**） （**well**） make yourself useful.
あなたは役立つことをするほうがよいですよ。

◆ She sent him off to （**dust**） the encyclopedias.
彼女は百科事典のほこりを払うために彼を送り出しました。

◇ This is the （**encyclopedia**） I was looking for.
これは私がさがしていた百科事典です。

◇ He was watching TV （**until**） his mother came home.
彼はおかあさんが帰宅するまでずっとテレビを見ていました。

◆ He （**licked**） the envelopes.
彼は封筒をなめました。

◇ A lot of （**envelopes**） are sent to the post offices every day.
毎日たくさんの封筒が郵便局に届きます。

☐☐☐	back [bæk バク]	名 背中
☐☐☐	reach [riːtʃ リーチ]	動 届く
☐☐☐	**would be allowed to ～**	～することが許されるだろう
☐☐☐	**send off ～**	～を送り出す
☐☐☐	**without being asked**	頼まれなくても
☐☐☐	used [juːst ユースト] ▶get used to ～ing	形 ([juːst]で)～に慣れている ▶～することに慣れる
☐☐☐	**foot** [fut フト]	名 足
☐☐☐	**feet** [fiːt フィート]	名 foot(足)の複数形
☐☐☐	**cómfy** [kʌ́mfi **カ**ンフィ]	形 心地よい 類義語 comfortable[kʌ́mftəbl **カ**ンフタブル]
☐☐☐	**báckrest** [bǽkrest **バ**クレスト]	名 背もたれ
☐☐☐	**anymóre** [enimɔ́ːr エニ**モ**ー]	副 (否定文で)これ以上
☐☐☐	**scowl** [skaul スカウル]	動 顔をしかめる
☐☐☐	belóng [bilɔ́ːŋ ビ**ロ**ーング]	動 (ふさわしい所に)いる[ある]
☐☐☐	step [step ステプ]	動 (step upで)(低いところから)上がる

◆ He let small children stand on his（**back**）.
彼は小さな子どもたちを背中に立たせました。

◇ I couldn't（**reach**）the place.
私はその場所に届くことができませんでした。

◇ You（**would**）（**be**）（**allowed**）（**to**）play games after the test.
テストのあとで，あなたはゲームをすることを許されるでしょう。

◇ We（**sent**）him（**off**）to Australia at the airport.
私たちは空港で，彼をオーストラリアへ送り出しました。

◆ The lion began doing things（**without**）（**being**）（**asked**）.
ライオンは頼まれなくても行動するようになりました。

◆ They（**got**）（**used**）（**to**）（**having**）him around.
彼らは彼が周囲にいることに慣れました。

◇ Maki has broken her（**foot**）.
真希は足を折っています。

◆ His big（**feet**）were quiet on the library floor.
彼の大きな足は，図書館の床の上では静かでした。

◆ He made a（**comfy**）backrest for the children at story hour.
彼は読み聞かせの時間，子どもたちの心地よい背もたれとなりました。

◇ The（**backrest**）of my chair is broken.
私のいすの背もたれは壊れています。

◆ And he never roared in the library（**anymore**）.
そして彼は二度とこれ以上，図書館でほえませんでした。

◆ Mr. McBee（**scowled**）when he heard that.
マクビーさんはそれを聞いて顔をしかめました。

◆ They did not（**belong**）in the library.
彼らは図書館にふさわしくなかったのです。

◆ Miss Merriweather（**stepped**）（**up**）onto the step stool.
メリーウェザーさんは踏み台の上に上がりました。

□□□ **ónto** [ɑ́ntuː **ア**ントゥー]	前 ～の上に
□□□ **stép stool** [stép stuːl ス**テ**プ　ストゥール]	名 踏み台
□□□ reach [riːtʃ リーチ]	名 届く範囲
□□□ **toe** [tou トウ]	名 つま先，足の指
□□□ **stretch** [stretʃ スト**レ**チ]	動 (手足などを)いっぱいにのばす
□□□ **ouch** [autʃ アウチ]	間 痛い，あいたっ
□□□ **sóftly** [sɔ́ːftli ソーフトリ]	副 優しく，穏やかに
□□□ **have him around**	彼が周囲にいる
□□□ **get along**	うまくやっていく
□□□ **call after ～**	うしろから～に呼びかける
□□□ front [frʌnt フラント]	形 前の
□□□ **paw** [pɔː ポー]	名 (動物の)足
□□□ **whine** [*h*wain (ホ)ワイン]	動 悲しそうに鳴く
□□□ point [pɔint ポイント]	動 指さす，指し示す

◇ Can you stand (**onto**) that box?
あの箱の上に立ってもらえますか。

◇ Use this (**step**) (**stool**) if you want to reach the book.
その本を取りたければ，この踏み台を使ってください。

◆ A book was just out of (**reach**).
本は少し手の届かないところにありました。

◆ Miss Merriweather stood on her (**toes**).
メリーウェザーさんはつま先で立ちました。

◆ She (**stretched**) out her fingers.
彼女は指をいっぱいにのばしました。

◆ “(**Ouch**),” said Miss Merriweather softly.
「痛いっ。」とメリーウェザーさんは穏やかに言いました。

◇ The old woman smiled (**softly**).
その年配の女性は優しくほほえみました。

◇ We are happy to (**have**) (**him**) (**around**).
私たちは，彼が周囲にいてくれてうれしいです。

◆ How did we ever (**get**) (**along**) without him?
私たちは今までどうやって彼なしでうまくやっていたのだろう。

◆ “No running,” Miss Merriweather (**called**) (**after**) him.
「走ってはいけません。」とメリーウェザーさんはうしろから彼に呼びかけました。

◆ The lion put his big (**front**) paws up on the circulation desk.
ライオンは大きな前足を貸し出しカウンターの上に置きました。

◇ My cat always licks her (**paw**).
私のネコはいつも足をなめています。

◆ The lion (**whined**).
ライオンは悲しそうに鳴きました。

◇ You shouldn’t (**point**) at others.
人を指さしてはいけません。

□□□ **toward** [tɔːrd トード]	前 ～のほうへ
□□□ **ignore** [ignɔ́ːr イグノー]	動 無視する
□□□ wide [waid ワイド]	副 大きく開いて
□□□ roar [rɔːr ロー]	名 ほえ声
□□□ **meant** [ment メント]	動 mean(意味する)の過去形 《過去分詞形も同形》
□□□ **notice** [nóutis ノウティス]	動 気づく
□□□ as [æz, əz アズ]	接 ～しながら
□□□ **burst** [bəːrst バースト] ▶burst into ～	動 飛び込む ▶～に飛び込む
□□□ **look ～ right in the eye**	～を直視する
□□□ **as ～ as ... can**	…ができるだけ～
□□□ **normal** [nɔ́ːrməl ノーマル]	名 正常
□□□ **either** [íːðər イーザ] ▶not ～ either	副 (否定文で)～もまた ▶～もない
□□□ **neighborhood** [néibərhud ネイバフド]	名 近所，近隣
□□□ **bush** [buʃ ブシュ]	名 低木のしげみ

◇ This train is running (**toward**) the west.
この電車は西に向かって走っています。

◆ Mr. McBee (**ignored**) him.
マクビーさんは彼を無視しました。

◆ He opened his mouth very (**wide**).
彼は口をとても大きく開きました。

◆ He roared the loudest (**roar**) in his life.
彼は生涯でもっとも大きなほえ声でほえました。

◆ He knew what that (**meant**).
彼はそれが何を意味するかわかっていました。

◆ Mr. McBee did not (**notice**).
マクビーさんは気がつきませんでした。

◆ “Miss Merriweather!” He called (**as**) he walked.
「メリーウェザーさん。」彼は歩きながら呼びかけました。

◆ He (**burst**) (**into**) Miss Merriweather’s office.
彼はメリーウェザーさんの館長室に飛び込みました。

◆ He (**looked**) Mr. McBee (**right**) (**in**) (**the**) (**eye**).
彼はマクビーさんを直視しました。

◆ Mr. McBee walked down the hall (**as**) fast (**as**) he (**could**).
マクビーさんはできるだけ速く廊下を歩きました。

◆ The next day, things were back to (**normal**).
次の日，物事は正常にもどりました。

◆ He did (**not**) come the next day, (**either**).
彼は次の日もやって来ませんでした。

◆ He walked around the (**neighborhood**).
彼は近所を歩き回りました。

◆ He looked behind (**bushes**).
彼は低木のしげみの裏を見ました。

□□□	**backyard** [bǽkjɑ́ːrd **バ**ク**ヤー**ド]	名 裏庭
□□□	**trash can** [trǽʃ kæn ト**ラ**シュ キャン]	名 ごみ入れ
□□□	**tree house** [tríː haus ト**リー** ハウス]	名（子どもが遊ぶ）樹上の家
□□□	**circle** [sə́ːrkl **サー**クル]	動 一周する，回る
□□□	**glass** [glæs グラス]	名 ガラス
□□□	**go call**	呼びに行く
□□□	**after all**	結局は，最後には
□□□	**sitting outside, looking in through 〜**	外にすわって〜の中を見ている
□□□	might [mait マイト] ▶might like to 〜	助（ひょっとすると）〜かもしれない ▶〜しておいたほうがよいかもしれない
□□□	**unless** [ənlés アン**レ**ス]	接 もし〜でなければ
□□□	say [sei セイ]	動（間投詞的に）まあ，ねえ
□□□	hurt [həːrt ハート]	形 傷ついた，けがをした
□□□	**turn around**	ふりむく

◆ He looked in (**backyards**).
彼は裏庭を見ました。

◇ What did you find in the (**trash**) (**can**)?
あなたはごみ入れの中で何を見つけたのですか。

◇ It took two months for us to build a (**tree**) (**house**).
私たちが樹上の家を建てるのに2か月かかりました。

◆ Finally he (**circled**) all the way back to the library.
結局，彼ははるばる一周して図書館にもどってきました。

◇ My mother is wiping the (**glass**) window now.
私の母は今，ガラス窓をふいています。

◆ Now please (**go**) (**call**) a doctor.
さあ，医者を呼びに行ってください。

◇ (**After**) (**all**), we had to walk home.
結局は，私たちは歩いて帰らなければなりませんでした。

◇ Mako was (**sitting**) (**outside**), (**looking**) (**in**) (**through**) the windows.
真子は外にすわって窓の中を見ていました。

◆ “I thought you (**might**) (**like**) (**to**) know,” said Mr. McBee.
「あなたは知っておいたほうがよいかもしれないと思って。」とマクビーさんは言いました。

◆ No roaring allowed, (**unless**) you have a very good reason.
もしまっとうな理由がなければ，ほえることは許されません。

◆ (**Say**), if you’re trying to help a hurt friend, for example.
まあ，たとえばもしあなたが傷ついた友だちを助けようとしているとか。

◇ I saw a (**hurt**) cat on the street.
私は道で傷ついたネコを見かけました。

◆ The lion did not (**turn**) (**around**).
ライオンはふりむきませんでした。

テスト直前チェック FR❷

Further Reading ❷

⧄ circulation desk	貸し出しカウンター
⧄ stack	(通例複数形で)書架，書庫
⧄ librarian	図書館員
⧄ Miss	～さん(女性に対する敬称)
⧄ break	(規則などを)破る
⧄ lady	婦人
⧄ seem	～のように見える
⧄ title	題名
⧄ stay	(同じ場所に)とどまる
⧄ over	終わって
⧄ closed	閉じている
⧄ roar	ほえる
⧄ demand	強くたずねる
⧄ march	ずんずん歩く
⧄ stern	厳しい，断固とした
⧄ those	あれら[それら]
⧄ tug	引っぱる
⧄ tug on ～	～を引っぱる
⧄ dress	ドレス
⧄ promise	約束する
⧄ certainly	確かに，必ず
⧄ budge	身動きする
⧄ might	may(～してよい)の過去形
⧄ might as well ～	～するほうがよい
⧄ dust	ほこりを払う
⧄ encyclopedia	百科事典
⧄ until	～するまで(ずっと)
⧄ lick	なめる
⧄ envelope	封筒
⧄ back	背中
⧄ reach	届く
⧄ would be allowed to ～	～することが許されるだろう
⧄ send off ～	～を送り出す
⧄ without being asked	頼まれなくても
⧄ used	([juːst]で)～に慣れている
⧄ get used to ～ing	～することに慣れる
⧄ **foot**	足
⧄ feet	foot(足)の複数形
⧄ comfy	心地よい
⧄ backrest	背もたれ

⧄ anymore	(否定文で)これ以上
⧄ scowl	顔をしかめる
⧄ belong	(ふさわしい所に)いる[ある]
⧄ step	(step up で)(低いところから)上がる
⧄ onto	～の上に
⧄ step stool	踏み台
⧄ reach	届く範囲
⧄ toe	つま先，足の指
⧄ stretch	(手足などを)いっぱいにのばす
⧄ ouch	痛い，あいたっ
⧄ softly	優しく，穏やかに
⧄ have him around	彼が周囲にいる
⧄ get along	うまくやっていく
⧄ call after ～	うしろから～に呼びかける
⧄ front	前の
⧄ paw	(動物の)足
⧄ whine	悲しそうに鳴く
⧄ point	指さす，指し示す
⧄ toward	～のほうへ
⧄ ignore	無視する

⧄ wide	大きく開いて
⧄ roar	ほえ声
⧄ meant	mean (意味する)の過去形《過去分詞形も同形》
⧄ notice	気づく
⧄ as	～しながら
⧄ burst	飛び込む
⧄ burst into ～	～に飛び込む
⧄ look ～ right in the eye	～を直視する
⧄ as ～ as ... can	…ができるだけ～
⧄ normal	正常
⧄ either	(否定文で)～もまた
⧄ not ～ either	～もない
⧄ neighborhood	近所，近隣
⧄ bush	低木のしげみ
⧄ backyard	裏庭
⧄ trash can	ごみ入れ
⧄ tree house	(子どもが遊ぶ)樹上の家
⧄ circle	一周する，回る
⧄ glass	ガラス
⧄ go call	呼びに行く
⧄ after all	結局は，最後には

☑ sitting outside, looking in through ～	外にすわって～の中を見ている
☑ might	(ひょっとすると)～かもしれない
☑ might like to ～	～しておいたほうがよいかもしれない
☑ unless	もし～でなければ
☑ say	(間投詞的に)まあ，ねえ
☑ hurt	傷ついた，けがをした
☑ turn around	ふりむく

身体〈body〉

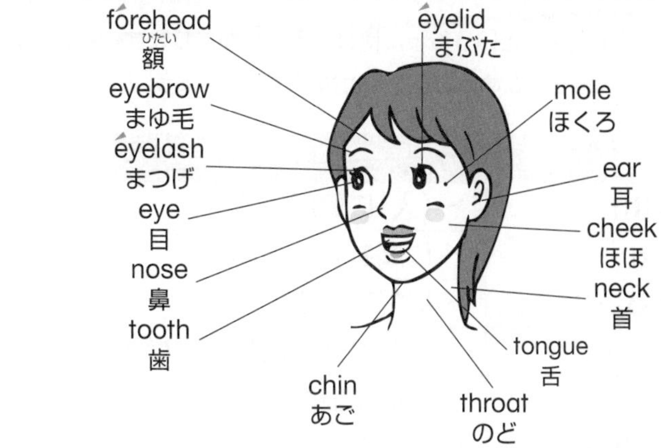
forehead
額《ひたい》
eyebrow
まゆ毛
eyelash
まつげ
eye
目
nose
鼻
tooth
歯
eyelid
まぶた
mole
ほくろ
ear
耳
cheek
ほほ
neck
首
tongue
舌
chin
あご
throat
のど

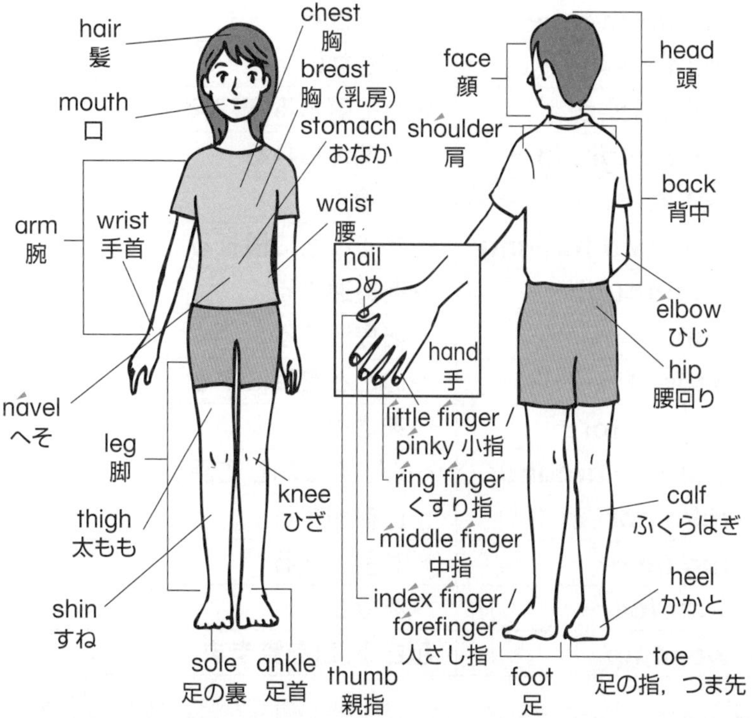
hair
髪
mouth
口
arm
腕
wrist
手首
navel
へそ
leg
脚
thigh
太もも
shin
すね
sole
足の裏
ankle
足首
knee
ひざ
chest
胸
breast
胸（乳房）
stomach
おなか
waist
腰
nail
つめ
hand
手
little finger /
pinky 小指
ring finger
くすり指
middle finger
中指
index finger /
forefinger
人さし指
thumb
親指
face
顔
head
頭
shoulder
肩
back
背中
elbow
ひじ
hip
腰回り
calf
ふくらはぎ
heel
かかと
toe
足の指，つま先
foot
足

いろいろな熟語

動詞の中には前置詞などといっしょに使われるものがあります。これまでに学習したおもな熟語をまとめました。まとめて覚えましょう。

熟語	意味
agree with ～	～(人)に賛成する
belong to ～	～に属する
burst into ～	～に飛び込む
call after ～	うしろから～に呼びかける
clean up ～	きれいに掃除する
compete in ～	参加する
continue to ～	～し続ける
fail to ～	～できない
fall asleep	眠りに落ちる，寝入る
get caught in ～	～に捕えられる
get to ～	～に着く
get used to ～ing	～することに慣れる
go through ～	～を貫通する
hand in ～	～を提出する
hear of ～	～のことを耳にする
search for ～	～をさがす
show ～ around	～(人)を案内して回る
take part in ～	～に参加する
tug on ～	～を引っぱる
wait for ～	～を待つ
wake up	起きる，目を覚ます

時を表すいろいろな表現

これまでに習った，「時」を表すいろいろな表現をまとめました。それぞれの表現がどの「時」を表しているか，あらためて確認しましょう。

① 過去の内容を表すとき

yesterday	昨日	last month	先月
then	そのとき	last year	昨年
last night	昨夜	the other day	先日
last Sunday	前[先週]の日曜日に	～ ago	～前に
last week	先週	～ years before	その～年前に

② 現在の内容を表すとき

now	今	every week	毎週
today	今日	every Sunday	毎週日曜日に
every morning	毎朝	every month	毎月
every day	毎日	every year	毎年

③ 未来の内容を表すとき

tomorrow	明日	next year	来年
next day	次の日	this Sunday	この日曜日に
next Sunday	次[来週]の日曜日に	some time	いつか，そのうち
next week	来週	some day	いつか
next month	来月	in the future	将来に[は]

前置詞の使いわけ

前置詞は，同じ単語でいろいろな意味を表します。代表的な 3 つの前置詞を例に，意味の違いを確認しましょう。

● in		
意味		
場所	**in the U.S.**	アメリカで
所属	**in the tennis team**	テニス部に
時	**in the afternoon**	午後に
手段	**in a beautiful voice**	美しい声で

● on		
意味		
日	**on Sunday**	日曜日に
所属	**on the brass band**	吹奏楽部に
場所	**on the table**	机の上に

● at		
意味		
方向	**at the board**	黒板を
所属	**at Mirai Junior High School**	みらい中学校に
場所	**at home**	家で
時間	**at twelve thirty**	12時30分に

入試対策（反意語のまとめ）

単語や熟語はバラバラに覚えるよりも，派生語や反意語をまとめて覚えたほうが効率よく覚えることができます。ここでは反意語を品詞別にまとめてみます。

〈形容詞〉

good「よい」 ⇔ bad「悪い」
big「大きい」 ⇔ little「小さい」
careful「注意深い」 ⇔ careless「不注意な」
different「違った」 ⇔ same「同じ」
early「早い」 ⇔ late「遅い」
easy「やさしい」 ⇔ difficult，hard「難しい」
expensive「高価な」 ⇔ cheap「安い」
fast「速い」 ⇔ slow「遅い」
fine「元気な，健康な」 ⇔ ill，sick「病気の，具合が悪い」
first「最初の」 ⇔ last「最後の」
high「高い」 ⇔ low「低い」
hot「暑い」 ⇔ cold「寒い」
large「大きい」 ⇔ small「小さい」
light「軽い」 ⇔ heavy「重い」
long「長い」 ⇔ short「短い」
many「たくさんの，多数の」 ⇔ a few「少しの，少数の」
much「たくさんの，多量の」 ⇔ a little「少しの，少量の」
new「新しい」 ⇔ old「古い」
polite「ていねいな，礼儀正しい」 ⇔ rude「無礼な」
rich「金持ちの」 ⇔ poor「貧しい」
right「正しい」 ⇔ wrong「間違っている」
soft「やわらかい」 ⇔ hard「かたい」
strong「強い」 ⇔ weak「弱い」
tall「背が高い」 ⇔ short「背が低い」
useful「役に立つ」 ⇔ useless「役に立たない」
warm「暖かい」 ⇔ cool「涼しい」
young「若い」 ⇔ old「年をとった」

〈副詞〉

early「早く」 ⇔ late「遅く，遅れて」
fast「速く」 ⇔ slowly「ゆっくりと」
up「上に」 ⇔ down「下に」

〈前置詞〉

after ～「～のあとに」 ⇔ before ～「～の前に」
from ～「～から」 ⇔ to ～「～へ」
in front of ～「～の前に」 ⇔ behind ～「～のうしろに」
into ～「～の中へ」 ⇔ out of ～「～から外へ」
under ～「～の下に」 ⇔ over ～「～の上に」
with ～「～とともに」 ⇔ without ～「～なしで」

〈名詞〉

front「前」 ⇔ back「うしろ」
peace「平和」 ⇔ war「戦争」
right「右」 ⇔ left「左」
summer「夏」 ⇔ winter「冬」

〈動詞〉

arrive「到着する」 ⇔ leave「出発する」
ask「たずねる」 ⇔ answer「答える」
begin，start「始まる，始める」 ⇔ end，finish「終わる，終える」
bring「持ってくる，連れてくる」 ⇔ take「持っていく，連れていく」
buy「買う」 ⇔ sell「売る」
come「来る」 ⇔ go「行く」
find「見つける」 ⇔ lose「失う」
live「生きる」 ⇔ die「死ぬ」
open「開ける」 ⇔ close「閉める」
win「勝つ」 ⇔ lose「負ける」

〈熟語〉

get on ～「～に乗る」 ⇔ get off ～「～から降りる」
get up「起きる」 ⇔ go to bed「寝る」
put on ～「～を着る」 ⇔ take off ～「～を脱ぐ」
stand up「立ち上がる」 ⇔ sit down「すわる」
in the future「将来に」 ⇔ in the past「過去に」

入試対策（重要な会話表現①）

場面別に，重要な会話表現をまとめました。3 年間，あなたが POWER-UP のコーナーで学んだことの総復習もかねて，それぞれの表現がどのような意味をもち，どのような場面で使われるのか，確認をしてみましょう。

はじめて人に会ったとき（あいさつのことば）

・**Nice to meet you.**「お会いできてうれしいです。」

Hello, I'm Tom. Nice to meet you too.

（こんにちは，ぼくはトムです。ぼくもお会いできてうれしいです。）

人を紹介するとき

・**This is 〜.**「こちらは〜です。」

Ken, this is my friend Miki.（健，こちらは私の友だちの美紀です。）

話しかけるとき

・**Excuse me.**「すみません。」

Excuse me. Are you Mr. Sato?（すみません，佐藤さんですか。）

お礼を言うときと言われたとき

・**Thank you.**「ありがとう。」／ **You're welcome.**「どういたしまして。」

Thank you very much. — You're welcome.

（どうもありがとう。— どういたしまして。）

あやまるとき

・**I'm sorry.**「すみません。」

Don't talk in the library. — Oh, I'm sorry.

（図書館でおしゃべりしてはいけません。— ああ，すみません。）

許可を求めるとき

・**Can［May］I 〜?**「〜してもよいですか。」

Can I use your pen? — Of course. Here you are.

（あなたのペンを使ってもよいですか。— もちろんです。はいどうぞ。）

依頼するとき

・**Can［Will］you 〜?**「〜してもらえますか。」

・**Would［Could］you 〜?**「〜してくださいませんか。」

Can you help me? — Sorry, I can't now.

（手伝ってもらえますか。— すみません。今はできません。）

Would you open the window? — Sure.
(窓を開けてくださいませんか。— いいですよ。)

人を招待するときや誘うとき

· **Can[Will] you ～? ／ Why don't you ～?**「(あなたも)～なさいませんか。」
Can[Will] you come to the party?(パーティーに行きませんか。)
Why don't you come to the party?(パーティーに行きませんか。)

招待や誘いを受けるときと断るとき

· **I'm glad to.**「よろこんで。」／ **Sorry. ＋断る理由**「すみません。～」
Can you come to the party? — Thank you. I'm glad to.
(パーティーに行きませんか。— ありがとう。よろこんで。)
Can you go out with me? — Sorry, I'm busy now.
(私といっしょに外出しませんか。— すみません，今忙しいのです。)

何かを申し出るとき

· **May I ～?**「～しましょうか。」
May I help you?(何にいたしましょうか[いらっしゃいませ]。)
· **Would you like ～?**「～はいかがですか。」
Would you like another cup of tea?(お茶をもう 1 杯いかがですか。)

申し出を断るとき

· **No, thank you.**「いいえ，けっこうです。」
Would you like another glass of water?(水をもう 1 杯いかがですか。)
— No, thank you. This is enough.(いいえ，けっこうです。もう十分です。)

提案するとき

· **How about ～?**「～はどうですか。」
How about next Sunday?(次の日曜はどうですか。)
· **Let's ～.**「～しましょう。」
Let's make a birthday cake for our mother.
(おかあさんのために誕生日ケーキを作りましょう。)

提案に対する応答

· **Yes, let's.**「ええ，そうしましょう。」
· **That's a good idea.**「それはよい考えですね。」
· **That sounds good.**「よさそうですね。」

入試対策（重要な会話表現②）

曜日，日付，時間をたずねるとき

・**What day is it today?** — It's Thursday.
（今日は何曜日ですか。— 木曜日です。）

・**What's the date today?** — It's May 12.
（今日は何月何日ですか。— 5月12日です。）

・**What time is it (now)?** — It's ten twenty.
（今何時ですか。— 10時20分です。）

天候についてたずねるとき

・**How's the weather today?** — It's cloudy.
（今日の天気はどうですか。— くもりです。）

値段をたずねるとき

・**How much is this?** — Ten dollars.
（これはいくらですか。— 10ドルです。）

何かの仕方をたずねるとき

・**Do you know how to ～?**「～の仕方がわかりますか。」
Do you know how to use this computer?
（このコンピュータの使い方がわかりますか。）

道をたずねるとき

・**How can I get to ～?**「～へはどう行けばよいのですか。」

・**Do you know how to get to ～?**「～への行き方はわかりますか。」

・**Can you tell me how to get to ～?**
「～への行き方を教えてもらえますか。」
How can I get to the station?（駅へはどう行けばよいのですか。）
Do you know how to get to the station?
（駅への行き方はわかりますか。）
Can you tell me how to get to the station?
（駅への行き方を教えてもらえますか。）

交通手段をたずねるとき

・**How do you go to school?** — By bus. ／ I walk to school.
（学校へはどうやって行くのですか。— バスで行きます。／歩いて行きます。）

自分の希望を言うとき

・**I would [I'd] like ～.**「～がほしい。」

・**I would[I'd] like to ~.**「~したい。」

I'd like another cup of tea.（もう１杯お茶がほしいのですが。）

I'd like to have another cup of tea.（もう１杯お茶を飲みたいのですが。）

相手の希望［何がほしいか］をたずねるとき

・**What would you like?** — Tea, please.

（何がよろしいですか。— お茶をください。）

自分の意見を言うとき／人の意見に賛成するとき

・**I think that ~.**「~だと思います。」

・**I agree with ＋人.**「~(人)に賛成[同意]する。」

I think that this is better than that.

（これはあれよりもよいと思います。）

I agree with you.（あなた(の意見)に賛成です。）

確信がある[ない]と言うとき

・**I'm sure ~.**「きっと~だと思います。」／

I believe that ~.「~だと信じます。」

・**I'm not sure.**「はっきりわかりません。」

I'm sure his dream will come true.

（きっと彼の夢は実現すると思います。）

Can you do it? — I'm not sure.（それができますか。— わかりません。）

もう一度言ってもらいたいとき

・**Pardon?** ／ **Pardon me?** ／ **I beg your pardon?**

（すみませんが，もう一度おっしゃってください。）

心配や恐れを言うとき

・**I'm afraid of ~.**「私は~がこわい。」／**~ is scary**「~は恐ろしい」

I'm afraid of that dog.（私はあのイヌがこわいです。）

That dog is scary.（あのイヌは恐ろしいです。）

話題を変えるとき

・**By the way**, are you free tomorrow?

（ところで，明日はひまですか。）

例をあげるとき

・My family can cook well. **For example**, my sister is good at cooking curry.

（私の家族は上手に料理ができます。たとえば，私の姉はカレーを作ることが得意です。）

入試対策実践問題

実際の高校入試で出題された標準的な問題を集めました。日本語を見て英語で言えるようになるまで，くり返して練習しましょう。
（※この本で取り上げていない単語や熟語も含まれています。）

● 次の（　　）に適切な１語を入れて，日本語に合う英文にしましょう。

(1) 私の友だちのボブは先月帰国しました。
My friend Bob (**came**) back (**home**) last month.

(2) ここから大阪までどれくらい時間がかかりますか。
(**How**) (**long**) does it take from here to Osaka?

(3) 私は学校に行く途中です。
I'm (**on**) (**my**[**the**]) (**way**) (**to**) school.

(4) 私の意見は彼らのものとは違っていました。
My opinion is (**different**) (**from**) theirs.

(5) ケーキをもう１ついただけますか。
Will you give me (**another**) (**piece**) of cake?

(6) 真央はイタリア製のかばんを買いたがっています。
Mao wants to buy a bag (**made**) in Italy.

(7) 交通事故でけがをした人はほとんどいませんでした。
(**Few**) people were (**injured**) in the traffic accident.

(8) あそこに喫茶店があります。
There is a coffee shop (**over**) (**there**).

(9) 私はフランスから来た留学生と仲よくなりました。

I (**made**) (**friends**) (**with**) a student from France.

(10) 健と私はその駅で降りました。

Ken and I (**got**) (**off**) at the station.

(11) 私の町に来て，いっしょにスキーを楽しみませんか。

(**Why**) (**don't**) (**you**) come to my town and enjoy (**skiing**) with me?

(12) 忘れずにおじいさんとおばあさんに手紙を書きなさい。

Don't forget to (**write**) (**to**) your grandparents.

(13) 真央はクラシック音楽に興味があります。

Mao is (**interested**) (**in**) classical music.

(14) スミス氏は出かけるために帽子をかぶりました。

Mr. Smith (**put**) (**on**) his hat to go out.

(15) 彼らは知り合って20年になります。

They have (**known**) each other (**for**) twenty years.

(16) ダニエルはお母さんに似ていると思います。

I think Daniel (**looks**) (**after**) his mother.

(17) 真央は私の顔をまともに見ました。

Mao looked me (**in**) the face.

（18）すみませんが，映画館にはどう行けばいいですか。

（**Excuse**）（**me**）, but how can I get to the movie theater?

（19）その山の頂上はいつも雪でおおわれています。

The top of the mountain is always（**covered**）（**with**）snow.

（20）その遊園地には人がほとんどいませんでした。

There were（**few**）people in the amusement park.

（21）スイスは美しい山々で有名です。

Switzerland is（**famous**）（**for**）its beautiful mountains.

（22）次の土曜日，あなたと出かけるのを楽しみにしています。

I'm（**looking**）（**forward**）（**to**）going out with you next Saturday.

（23）私は空港にダニエルを迎えに行ってきたところです。

I have（**been**）（**to**）the airport to meet Daniel.

（24）私は健のことを長い間待っていました。

I was waiting for Ken（**for**）（**a**）（**long**）（**time**）.

（25）このごろは，よい歌手を見つけるのは難しいと思います。

I think it's hard to find a good singer（**these**）（**days**）.

（26）私はこれからずっと正直でいます。

I'll be honest（**from**）now（**on**）.

（27）昨日私のスマートフォンは突然故障しました。

My smartphone suddenly（**broke**）（**down**）yesterday.

（28）おもしろい番組が放送中です。

An interesting program is（**on**）（**the**）（**air**）.

（29）日ごとに暖かくなってきました。

It’s getting warmer（**day**）by（**day**）.

（30）私はあなたのために喜んでそこに行くでしょう。

I will be（**willing**）（**to**）go there for you.

（31）富士山は日本のほかのどの山よりも高いです。

Mt. Fuji is higher than（**any**）（**other**）mountain in Japan.

（32）ここから札幌までどのくらいありますか。

（**How**）（**far**）is it from here to Sapporo?

（33）彼らは何も言えないほど疲れていました。

They were（**too**）（**tired**）（**to**）（**say**）anything.

（34）彼はそのコンテストに参加する予定です。

He is going to（**take**）（**part**）（**in**）the contest.

（35）昨日から私は腹痛がしています。

I（**have**）（**had**）（**a**）（**stomachache**）since yesterday.

（36）私は子どものころからずっと両親を誇りに思っています。

I have（**been**）（**proud**）（**of**）my parents since I was a child.

（37）私の意見では，それは真実ではありません。

（**In**）（**my**）（**opinion**）, that is not true.

（38）彼らはフィンランドからはるばるやって来ました。

They came over（**all**）（**the**）（**way**）from Finland.

(39) 先生はノートにそれを書き留めました。

My teacher (**wrote**) it (**down**) in his notebook.

(40) 飲み物は自由にお飲みください。

Please (**help**) (**yourself**) to the drink.

(41) ボブはその美しい女性と恋に落ちました。

Bob (**fell**) (**in**) (**love**) with the beautiful woman.

(42) 健はがんばって勉強することを決心しました。

Ken made (**up**) (**his**) (**mind**) to study hard.

(43) その女の子は箱をさかさまに置きました。

The girl put the box (**upside**) (**down**).

(44) 実を言うと，私はピアノがひけません。

(**To**) (**tell**) (**the**) (**truth**), I cannot play the piano.

(45) 私の祖父は私の年齢の5倍です。

My grandfather is (**five**) (**times**) as old as I.

(46) 彼は私を家族と友だちに紹介してくれました。

He (**introduced**) me (**to**) his family and friends.

(47) ケイトは最終電車に間に合うでしょう。

Kate will be (**in**) (**time**) for the last train.

(48) あなたはふだん，何時に学校へ出発しますか。

What time do you usually leave (**for**) school?

(49) 急がないと学校に遅れてしまいますよ。

Hurry up, (**or**) you will be late for school.

(50) このくだものは英語で何というものですか。

What is this fruit （**called**） in English?

(51) あなたは面と向かって両親と話すべきです。

You should talk with your parents （**face**）（**to**）（**face**）.

(52) 私の両親はお互いを信頼してます。

My parents trust （**each**）（**other**）.

(53) ダニエルは先週の日曜日はとても元気そうでした。

Daniel （**looked**） very fine last Sunday.

(54) 私たちはたいていこのようにして納豆を食べます。

We usually eat *natto* （**in**）（**this**）（**way**）.

(55) あなたはできるだけ早く寝たほうがいいですよ。

You had better go to bed （**as**）（**soon**）（**as**） possible.

(56) 美希は私に風邪をひかないように注意するよう忠告してくれました。

Miki advised me to be careful not to （**catch**）（**a**） cold.

(57) 私たちは試合に負けることを恐れませんでした。

We weren't （**afraid**）（**of**） losing the game.

(58) 私はクラスの友だちと勉強する機会を得て，とてもうれしかったです。

I was very （**glad**）（**to**） get the chance to study with my classmates.

(59) 私はおかあさんに何か温かい飲み物を作ってほしいと頼みました。

I （**asked**） my mother to make （**something**）（**hot**） to drink.

(60) 鈴木先生を電話口に呼んでいただけませんか。

Would you（**mind**）calling Ms. Suzuki to the phone?

(61) 私の両親はたった今帰宅しました。

My parents came home（**just**）（**now**）.

(62) 私はあなたがもどってきてうれしいです。

I'm（**glad**）（**that**）you came back.

(63) フルートを吹いている女の子が見えますか。

Can you see a girl（**playing**）the flute?

(64) もし今日が晴れの日なら，私たちは動物園に行ったのに。

If it（**were**）a sunny day today, we（**would**）go to the zoo.

(65) 鳥のように飛べたらいいのに。

I（**wish**）I（**could**）fly like a bird.

(66) 私の父は私に彼の辞書を使わせてくれました。

My father（**let**）me（**use**）his dictionary.

(67) あなたたちは岡田先生が教室を掃除するのを手伝うべきです。

You should（**help**）Mr. Okada（**clean**）the classroom.

(68) これは私の祖父が作ったチョコレートです。

This is the chocolate（**made**）（**by**）my grandfather.

●各組の文がほぼ同じ意味になるように，(　　)に適切な1語を入れましょう。

(1) Let's play soccer when school is over.
Let's play soccer (**after**) (**school**).

(2) Have you got any letters from him in France?
Have you (**heard**) from him in France?

(3) She lived in New York when she was eleven.
She lived in New York at (**the**) (**age**) (**of**) eleven.

(4) It seems that Mary is very kind to everyone.
Mary (**seems**) (**to**) be very kind to everyone.

(5) We had a good time at the party.
We (**enjoyed**) (**ourselves**) at the party.

(6) Will you play tennis after school?
(**Are**) you (**going**) (**to**) play tennis after school?

(7) My sister looks after the dog.
My sister (**takes**) (**care**) of the dog.

(8) Paper is made from wood.
They (**make**) wood (**into**) paper.

(9) She took her dog for a walk this morning.
She (**took**) (**a**) (**walk**) with her dog this morning.

(10) Young people don't know this song.
This song isn't (**known**) (**to**) young people.

(11) My brother didn't go to school yesterday.

My brother was (**absent**) from school yesterday.

(12) We couldn't arrive on time because of the heavy snow.

The heavy snow kept us (**from**) (**arriving**) on time.

(13) Where is Mary from?

Where does Mary (**come**) (**from**)?

(14) My grandmother died ten years ago.

My grandmother has been (**dead**) (**for**) ten years.

(15) Tom was so kind that he showed me the way.

Tom was kind (**enough**) (**to**) (**show**) me the way.

(16) This computer is my sister's.

This computer (**belongs**) (**to**) my sister.

(17) Let's go fishing, shall we?

(**How** [**What**]) about (**going**) fishing?

(18) Because the man was very kind, I remembered my dead father.

The man's kindness (**reminded**) me of my dead father.

(19) It started to rain, but the students didn't stop playing baseball.

It started to rain, but the students (**continued**) (**to**) play baseball.

(20) He was not in time for school yesterday.

He was (**late**) (**for**) school yesterday.

(21) What can I do for you?

(**May**) I (**help**) you?

(22) These books were too difficult for us to read.

These books were (**so**) difficult (**that**) we couldn't read them.

(23) While he was staying in New York, he visited Central Park.

(**During**) his stay in New York, he visited Central Park.

(24) Everyone should be kind to old people.

Everyone (**ought**) (**to**) be kind to old people.

(25) Tom hit on a good idea.

A good idea (**occurred**) (**to**) Tom.

(26) August 12 is his birthday.

He was (**born**) on August 12.

(27) My uncle decided to give up smoking.

My uncle (**made**) (**up**) his (**mind**) to give up smoking.

(28) The news made us angry.

We were (**angry**) (**at**) the news.

(29) She missed the last train yesterday.

She was not (**able**) to (**catch**) the last train yesterday.

(30) The festival was postponed because of heavy rain.

The festival was (**put**) (**off**) because of heavy rain.

(31) What is wrong with you?

What is the (**matter**) with you?

(32) My brother bought the game for 3,000 yen.

My brother (**paid**) 3,000 yen (**for**) the game.

(33) My sister laid herself down on the grass.

My sister (**lay**) (**down**) on the grass.

(34) The good news made them happy.

They were (**happy**) (**to**) hear the good news.

(35) My father can play not only the piano but also the guitar.

My father can play the guitar (**in**) (**addition**) (**to**) the piano.

(36) Mary was shocked to hear the bad news.

Mary was (**shocked**) (**at [by]**) the bad news.

(37) Ms. Brown is our English teacher.

Ms. Brown (**teaches**) (**us**) English.

(38) These flowers are beautiful.

These (**are**) (**beautiful**) flowers.

(39) English is spoken in the U.S.A.

(**People [They]**) (**speak [use]**) English in the U.S.A.

(40) This is a bag made in Italy.

This bag (**was**) (**made**) in Italy.

さくいん

復習のときや辞書代わりに使ってください。
太字は特に重要な単語を示します。

A

B

C

H

I

M

N

T